ASTRID & GOTTFRIED
HOFMANN-WELLENHOF

Kinderleicht & tonnenschwer

Heitere Erziehungs-Tipps von A–Z

Impressum

ISBN 978-3-902819-03-1

Anzeigen & Marketing Kleine Zeitung GmbH & Co KG
Schönaugasse 64
8010 Graz

Cover Foto: Bigshot/Jungwirth
Illustrationen: Walter Titz

SONST SAGST DU IMMER, WIR SOLLEN KEINE FREMDWÖRTER VERWENDEN!
WIE SAG ICH'S MEINEM KIND
FETTNÄPFCHENVERLAG
W.T.

Anziehen

Unsere Tochter Anna zeigte bereits in frühester Kindheit, dass mit ihr in puncto Kleidung nicht zu spaßen ist. Sie war noch nicht einmal zwei, da ließ sie sich von ihren Eltern nicht mehr (gewaltfrei) anziehen: Einmal passte die Farbe der Strumpfhose nicht, dann wieder irritierte sie das Bärlimuster des Stramplers, den vor ihr fünf Geschwister anstandslos getragen hatten, oder die Rüschen eines rosa Kleidchens, die sie in einem unbeobachteten Moment kurzerhand abschnitt.

Astrid erfasste schnell, dass ihr dieses Kind vehement Widerstand leisten würde, wenn es sich nicht nach seinem eigenen Geschmack kleiden darf. Also überließ sie Anna bald nicht nur die Auswahl, sondern auch das Anziehen selbst.

Unsere entzückende Tochter brachte fortan oft ganze Vormittage damit zu, eine ihr konvenierende Garderobe zusammenzustellen. In modischen Angelegenheiten wagte sie durchaus Unkonventionelles: Sie kombinierte Schipullover mit Badeanzügen oder Thermohosen mit T-Shirts.

Mit dem Eintritt in die Schule verschärfte sich die Situation insofern, als nun Anna frühmorgens unter einem gewissen Zeitdruck stand, ein ihrer Stimmung entsprechendes Outfit zu finden. Deshalb schien ihre Mutter nach langen Jahren wieder Oberwasser zu gewinnen.

Noch am Vorabend suchte sie liebevoll die Kleidungsstücke für unser schwieriges Mädchen zusammen – freilich nach ihren Vorstellungen: Sie wählte meist unter den nahezu ungebrauchten

Röcken und den dazu passenden Blusen aus, sehr zum Missfallen meiner Tochter, die u. a. ihren Trachtenrock hasst: „Mama, merk dir bitte endlich, dass der grässlich ist!"

Morgenstund' hat in unserem Haus nicht Gold im Mund, sondern vielmehr Sprengstoff, weil sich Mutter und Tochter immer wieder hitzige Debatten liefern: Passt ein gestreifter Pulli zu einer karierten Hose? Dabei geht es streng genommen nicht um solch lächerliche Details, es geht um Grundsätzliches: Meine Frau will unsere Tochter wie ein Mädchen anziehen, Anna jedoch wie ein Bub aussehen.

Einmal schien kurzfristig ein Kompromiss gefunden worden zu sein und unser kleiner Trotzkopf ließ sich herab, einen Hosenrock zu tragen, freilich nicht ohne durch ihr Mienenspiel ihre totale Lustlosigkeit zur Schau zu stellen.

Zu Mittag kam sie triumphierend aus der Schule heim: „Ich hab extra zur Frau Lehrerin gesagt: ‚Schau einmal, was ich heute Deppertes anhab!' Und sie hat *nicht* gesagt: ‚Aber geh, das schaut doch herzig aus!'"

Tipps:

- Genießen Sie die Babyzeit Ihres Kindes! Ziehen Sie ihm an, was immer Ihnen persönlich gefällt – und machen Sie genügend Fotos!
- Sobald Ihr Kind mitredet: Sorgen Sie dafür, dass es sich warm genug anzieht. Geschmacksfragen sind selten generationenübergreifend befriedigend zu lösen.

- Versuchen Sie eine Mindestlänge bei Röcken bzw. eine Mindestausschnittshöhe bei Tops durchzusetzen (Mädchen) bzw. machen Sie Ihren Sohn aufmerksam, dass das Freilegen des gesamten Boxershorts durch Absenken des Hosenbundes unter das Gesäß im öffentlichen Raum unangebracht ist.
- Vielleicht gefällt Ihren Kindern auch nicht immer, wie Sie sich kleiden?

Aufklärung

Es gab einmal eine Zeit in der Pädagogik, da war sexuelle Aufklärung in der Schule ein ganz wichtiges Thema. Ich erinnere mich an die aufregenden Tage, als der erste Sex-Koffer im Konferenzzimmer ausgiebig bestaunt und anschließend im großen Kasten des Biologie-Kabinetts verwahrt worden ist. Dort steht er, ein wenig verstaubend, immer noch. Dem Vernehmen nach soll er in einer einzigen Stunde in Verwendung gewesen sein und unter den SchülerInnen für nicht enden wollendes Gelächter gesorgt haben, sodass die (durchwegs weiblichen) Lehrkräfte von einem zweiten Versuch absahen.

Was tatsächlich in dem Sexköfferchen aufbewahrt wird, ist nach wie vor ein gut gehütetes Geheimnis und gibt zu wilden Phantasien Anlass. Außer dem anschaulichen Unterrichtsmaterial segnete das Ministerium in den 70er Jahren ein so genanntes fächerübergreifendes Unterrichtsprinzip „Aufklärung“ab. Das besagt, dass alle Unterrichtsgegenstände sich dem Thema widmen sollten, nicht nur Biologie.

Als junger Klassenvorstand wollte ich auch meinen Beitrag leisten. Nach einigen Stunden Theorie gab es am Ende meines kleinen Sexualkunde-Workshops eine kurze praktische Übung. Sie sollte dazu beitragen, die Scheu vor Verhütungsmitteln abzubauen. Ich kaufte 25 Bananen sowie 25 Kondome und verteilte sie an jeden/jede meiner damals 14jährigen SchülerInnen.

Ich erinnere mich, dass sie damit sehr viele Spaß hatten. Die Präservative mit Wasser füllten und als lustige Wasserbomben durch die Klasse warfen. Einige stülpten sie auch vorschriftsmäßig über die Bananen.

Unlängst traf ich einen Schüler aus dieser Klasse wieder, der mir glaubhaft versicherte: „Vieles, was ich damals in der Schule lernen musste, weiß ich heute nicht mehr. Aber die Stunde mit den Bananen und Kondomen ist unvergesslich."

Trotz des unerwartet großen Erfolges blieb es bei diesem einen Mal. Vielleicht auch deshalb, weil ich bei meinen eigenen Kindern auf diesem Gebiet kläglich gescheitert bin.

Es war vor vielen Jahren an einem lauen Juliabend auf unserem Campingplatz am tyrrhenischen Meer. Die Stimmung war gut, die Atmosphäre entspannt. Und meine Söhne waren, wie ich meinte, im richtigen Alter – 15, 14, 13 –, um etwas über das „erste Mal", „Verhütung" oder „Sex in der Partnerschaft" zu erfahren. Dominik hatte bereits nach den ersten einleitenden Sätzen genug und verließ Kopf schüttelnd unsere kleine Gesprächsrunde. Benedikt und Nikolaus blieben bis zum Schluss, klopften sich vor Vergnügen auf die Schenkel. Unterbrachen meine Ausführungen immer wieder durch wieherndes Gelächter. Dabei wollte ich eigentlich gar nicht lustig sein. Am Ende sagte ich: „Wenn ihr Fragen habt, könnt ihr jederzeit zu mir kommen.“ Das war vor zehn Jahren – gekommen ist keiner. (Vielleicht waren meine Hinweise einfach zu schlicht.)

Mit 13 Jahren ist mein jüngster Sohn gerade im richtigen Alter für ein Gespräch von Mann zu Mann. Derzeit will Jakob mit mir aber lieber über die Vor- und Nachteile des 4-4-2-Systems fachsimpeln oder über angeschnittene Flanken – und nicht über Sex. Möglicherweise hängt das auch damit zusammen, dass sein Freund Karl unlängst seine Eltern in flagranti im Bett erwischt und den Vorfall so kommentiert hat: „Das war das Grindigste, das ich bisher in meinem Leben gesehen habe.“

Tipps:

- **Wenn Sie sich nicht zumuten, über dieses schwierige Thema mit Ihren Kindern zu reden, lassen Sie es.**
- **Vertrauen Sie darauf, dass Ihre Kinder in der Schule von Experten ausreichend und sensibel informiert werden.**
- **Denken Sie daran, dass auch Sie einmal jung waren und manche Fragen zum „ersten Mal“ hatten. Aber hätten Sie sich damit an Ihre Eltern gewandt?**

Aufstehen/Aufwecken

Die lieben Kinder haben es nicht immer leicht mit ihren Erzeugern. Sind sie klein, sind sie oft schon vor sechs Uhr früh putzmunter und ausgeschlafen. Vor allem am Wochenende, wenn Mama und Papa gerne noch kuscheln würden. Nix da!

Ich spüre heute noch den Schmerz, den mir „Die kleine Raupe Nimmersatt“ beschert hat, als sie sich in mein linkes Auge bohrte. Es war ein lehrreiches, zugleich aber auch klobiges Bilderbuch mit verdammt harten Ecken. „Bitte vorlesen!“ Es ist Benedikts süßes Stimmchen, das mir zu dieser Zeit dennoch recht gepresst und hart vorkommt. „Später, es ist noch ganz finster. Komm, schlaf noch ein bisschen!“, murmle ich und versuche meinen Sohn zuzudecken.

Blitzschnell strampelt er sich von der Tuchent frei, ich decke ihn wieder zu, er strampelt sich wieder frei, immer und immer wieder, und mit jedem Mal wilder und jauchzender.

Ein (für ihn) lustiges Spiel hat begonnen, an dessen Ende ein noch munterer Sohn und ein noch müderer Vater zurückbleiben.

„Ich bin durstig!“ Ich stelle mich tot, Benedikt ist davon völlig unbeeindruckt, wühlt in meinen Haaren, brüllt mir ins Ohr: „Ich mag was zu trinken, biiiiiiiiiiiiitte!“

Ich taumle in die Küche, ziehe an der Lasche der Lattellapackung so ungeschickt, dass Fruchtmolke über den rechten Ärmel des Pyjamas auf meine Hand rinnt. Tappe im Stockfinsteren zu meinem Kleiderkasten nach einem neuen Pyjama-Oberteil. (Es gibt nämlich kaum etwas, was ich weniger mag als pickige Pyjama-Oberteile.) Schleiche zurück ins Schlafzimmer.

Astrid hält jetzt tapfer „Die kleine Raupe Nimmersatt“ in ihren Händen, Nikolaus, der inzwischen auch wach geworden ist, fährt mit einem Matchboxauto (roter Ferrari). Driftet auf dem linken Oberschenkel meiner Frau wilde Kurven und unterstreicht akustisch eindrucksvoll, wenn er in einen niedrigeren Gang zurückschaltet: „Wruuuuuuuummmm!“

Nun sickert auch Dominik in unser Ehebett, in den kleinen Händen den großen gelben Lego-Bagger.

Es ist Samstag, 6 Uhr 15, draußen tiefe Finsternis und Stille, drinnen gleißendes Licht und helles Kinderlachen. Die Stimmung (der Kleinen) ist ausgesprochen gut.

Zwanzig Jahre später, Samstagmittag, die Suppe steht auf dem Tisch – nur die großen Knaben fehlen. Also gehe ich in ihre Zimmer, Sonnenstrahlen durchfluten sie.

Irgendwie bin ich immer noch gerührt, wie sie so friedlich daliegen, deshalb sage ich mit milder Stimme: „Aufstehen, liebe Kinder, das Essen ist fertig!“

Mein Erfolg ist bescheiden: Meine Söhne rühren sich nicht.

Also brülle ich: „Aufstehen!!!!“ Benedikt und Nikolaus sind weiterhin völlig unbeeindruckt, zeigen keinerlei Reaktion. Dritter Versuch: die brutale Methode! Ich reiße ihnen die Bettdecke vom Körper und ziehe sie in eine einigermaßen vertikale Lage hoch.

Sie stehen, schwankend zwar, wissen aber noch nicht, worum es eigentlich geht. „Kommt bitte ins Wohnzimmer, die Suppe steht auf dem Tisch!“ Meine Stimme klingt ein wenig gepresst, dennoch soll man mir keinesfalls anmerken, dass ich an mich halten muss.

Nur ja nicht die Nerven verlieren, denke ich, nur jetzt keine Grundsatzdiskussion beginnen über Schlaf- und Aufstehgewohnheiten.

Die ersten Löffel Nudelsuppe nehmen sie schweigend ein, dann beginnen sie – sind sie nicht rührend? – einander zu fragen: „Wie hast du denn geschlafen?“ Der eine konnte lange kein Auge zudrücken, weil der Rücken schmerzte, der andere klagte über ein wenig Übelkeit. Wie in einem Pensionistenheim, denke ich, sage aber kein Wort.

Ja, leicht haben es die Kinder wirklich nicht mit ihren Erzeugern. Sind sie klein und wollen sie frühmorgens (vorwiegend am Wochenende) voller Tatendrang den Tag beginnen, werden sie mit allerlei Tricks (sanftes im Arm-Wiegen, Vorsingen langweiliger Kinderlieder, Vertrösten auf später) daran gehindert. Sind sie groß, dürfen sie nicht ausschlafen, sondern sollen (um 13 Uhr) Mittagessen. Nie können sie es Eltern recht machen!

Tipps:

- **Wenn Sie sicher gehen wollen, dass Ihre Kinder tatsächlich aufstehen, vertrauen Sie auf keinen Wecker. Auch die lautesten Klingeltöne (Schiffs-, Feuerwehr-, Polizeisirenen) verhallen ungehört.**
- **Bleiben Sie so lange im Zimmer, bis sich Ihr Kind aus dem Bett gewälzt hat. Verhalten Sie sich in dieser ganz besonders kritischen Phase völlig unauffällig und schweigend.**
- **Vermeiden Sie am Morgen jegliche Grundsatzdiskussion und denken Sie daran, wie es sein wird, wenn kein Kind mehr im Haus ist.**

Bitte und Danke

Von Zeit zu Zeit lasse ich es mir nicht nehmen, meine Kinder darauf hinzuweisen, wie gut es ihnen eigentlich geht. Davon wollen sie jedoch nichts hören.

Dennoch halte ich es für sehr wichtig, dass sie von klein auf lernen, dass das Leben aus Nehmen und Geben besteht. Wir leben in einer derart wohlhabenden Gesellschaft, dass es uns möglich ist, unsere Kinder mit allen nur erdenklichen Segnungen zu verwöhnen. Es geht ihnen besser als irgendeiner Generation zuvor.

Aber dieser materielle Luxus hat auch seine Schattenseiten. Eine davon ist, dass die meisten Kinder alles für selbstverständlich halten. Sie meinen, man bekomme alles umsonst, ohne irgendeine Gegenleistung, so als ob das Leben nur aus Rechten, nicht auch aus Pflichten bestehe.

Ein erster Schritt, Kinder auch an ihre Pflichten zu gewöhnen, besteht darin, dass sie bitten und danken lernen. Das ist, glaube ich, nicht zu viel verlangt.

Nun kenne ich sehr liebevolle Eltern, die in bester Absicht ihre Tochter erzogen haben – frei von jedem Druck und Zwang. Bitte und danke waren verpönt – schließlich sollte ihr Kind keine Marionette werden, die automatenhaft und ohne zu hinterfragen nachplappert, was ihm die Erwachsenen vorsagen.

Brigitte bekam von Anfang an alles, was sie wollte. Und sprach aus, was sie sich dachte. Wenn ihr etwas nicht gefiel, sagte sie es geradeheraus – sie war erbarmungslos ehrlich.

Unlängst traf ich das Mädchen, das etwa 14 Jahre alt ist, mit ihren Eltern in einer Boutique. „Den Fetzen soll ich anziehen? Glaubst, ich will auch so deppert ausschauen wie du?" Kommentarlos wagte die Mutter einen weiteren Versuch. „Also, einen Geschmack hast du ... ein Wahnsinn!"

Der Vater saß stumm in einer Ecke und hatte sich in sein Schicksal gefügt. Nach zahlreichen weiteren Fehlschlägen hatte die junge Dame schließlich doch etwas Passendes und – wie mir schien, nicht allzu Billiges gefunden. Kein Wort des Dankes, sondern nur die unwillige Aufforderung: „Gemma jetzt endlich was trinken!"

Tipps:

- **Wenn ein Kind von Klein auf darauf aufmerksam gemacht wird, dass es sich zu bedanken hat, wenn es etwas bekommt, automatisiert es dieses Verhalten.**
- **Auch das Grüßen muss man Kindern beibringen. Noch ist es bei uns üblich, dass die Jungen die Älteren zuerst grüßen und nicht umgekehrt.**
- **Höfliches Verhalten macht das Zusammenleben leichter und harmonischer.**
- **Was Hänschen nicht lernt, lernt Hans nimmermehr.**

Chaos

Chaos ist ein Wort von biblischer Wucht. Es bezeichnet den Zustand der Welt, bevor Gott sich daran machte, Wasser und Erde zu scheiden, um Flora, Fauna und schließlich den Menschen zu erschaffen.

Natürlich haben meine Kinder prinzipiell recht, wenn sie es als Überreaktion bezeichnen, dass ich angesichts des Zustands ihrer Wohnhöhlen von Chaos spreche. Tatsächlich sind darin Flüssiges und Festes tadellos voneinander geschieden. (Wobei meinen halbwüchsigen Söhnen zugute kommt, dass verschüttete Getränke mit der Zeit zu hochgradig pickigen Flecken mutieren und damit den Aggregatszustand wechseln.)

Einer der zahlreichen Vorteile für Eltern, mehrere Kinder zu haben, besteht darin, aus an älteren Kindern begangenen Erziehungsfehlern so rechtzeitig zu lernen, dass die jüngeren – aber vor allem sie selbst – davon profitieren. So lieferte ich mir beispielsweise mit meinem (ansonsten heiß geliebten) ältesten Sohn einen – wie ich heute weiß – aussichtslosen Kampf um die Ordnung in seinem Zimmer. (Mittlerweile bin ich in diesem Punkt lockerer.)

Minutiös vereinbarte Sanktionen, lange Gespräche, in Aussicht gestellte Belohnungen – nichts konnte Dominik zu einer auch nur annäherungsweisen Aufarbeitung der Unordnung in seinem kleinen Revier bewegen.

Nun bin ich selbst zwar eine geradezu manische Sauberkeitsfanatikerin, was die gemeinsamen Räumlichkeiten wie Bad, Küche oder Esszimmer betrifft – in einem Haushalt, in dem zu

Spitzenzeiten zwölf Menschen und sechs Tiere leben, ist das ein Wesenszug, für den ich durchaus dankbar bin –, lasse aber in den Kinderzimmern durchaus fünf gerade sein.

Um aber wenigstens einen europäischen Minimalstandard aufrecht zu erhalten, sah ich in den Zimmern der Knaben auf den Tag genau bis zu deren mündlicher Matura wenigstens zwei Mal wöchentlich nach dem Rechten. Leerte Schulrucksäcke aus, förderte Bananenschalen, zerknüllte Elternverständigungen, feuchte Badesachen zutage. Erneuerte schokoladeverschmierte Polsterüberzüge, wischte undefinierbare Verkrustungen vom Boden, räumte auf den Schreibtischen eine wenigstens notdürftige Arbeitsfläche frei.

Am schönsten war es, mir einen Weg zum Fenster zu bahnen und dieses zwecks gründlicher Lüftung weit aufzureißen.

Nach dem Ankauf stylischer Schmutzwäschebehälter in Fußballdesign für jedes einzelne Zimmer dauerte es noch Monate, bis sich deren für Jugendliche offenbar zu komplexe Funktion – die Aufnahme schmutziger Wäsche – eingespielt hatte.

Jedes Halbjahr ziehe ich einmal erfolgreich die Gefühlskarte: Zum Muttertag und anlässlich meines Geburtstags (der leider unmittelbar vor den heiligen Abend fällt) wünsche ich mir tadellos saubere Kinderzimmer – und bekomme sie auch.

Den Rest des Jahres hängen lustig gemeinte Plakate („Zentrum für Chaosforschung – nicht stören!") an den Türen.

Der liebevolle Trost meines Mannes, eines vehementen Verfechters der Gentheorie, die Buben seien in diesem Punkt leider ganz nach ihm, auch er könne auf seinem Schreibtisch bzw. in seinem

Arbeitszimmer keine Ordnung halten (was stimmt!), worunter er ja selbst am meisten leide (was sicher nicht stimmt!), tat mir gut bis zu dem Tag, als unser ältester Sohn von zu Hause aus- und mit seiner Freundin zusammenzog.

Wie mir die junge Frau glaubhaft versichert, funktioniert ihr Zusammenleben bestens: Dominik führt die Hunde spazieren, bevor er zu seinem Unterricht radelt, begleitet seine Freundin bei den Einkäufen für den gemeinsamen Haushalt, legt seine Sportsachen vor die Waschmaschine, sobald er vom Training heimkommt. Geschirrspüler und Staubsauger bedienen die beiden jungen Leute abwechselnd. Wenn Besuch kommt, ist Dominik sofort mit Filzpantoffeln zur Stelle, damit kein Schmutzpartikel in die piccobello geräumte kleine Wohnung eingeschleppt wird.

Ich freue mich mit dem jungen Glück, richte das frei gewordene Zimmer nach gründlicher Generalsanierung für den nächst jüngeren Bruder und bleibe zurück mit meinen bangen Fragen: Sollte die Gentheorie meines Mannes doch falsch sein? Und: Warum tut Dominik Tag für Tag freiwillig für seine Freundin, was er seiner Mutter zuliebe nur zwei Mal im Jahr unter Zwang getan hat?

Tipps:

- **Das Ordnungsbedürfnis ist (genetisch bedingt?) von Mensch zu Mensch verschieden.**
- **Respektieren Sie die Privatsphäre des Kinderzimmers, vereinbaren Sie aber Minimalstandards.**
- **Wenigstens ein Mal im Halbjahr haben die Quartiergeber das Recht auf ein tadellos geräumtes Kinderzimmer.**

- Mit Beginn der Berufsausbildung ist der junge Mensch für den Zustand seiner Räumlichkeiten allein verantwortlich, solange keine tierischen Schädlinge (Ratten, Kakerlaken) nachweisbar sind.
- Das Kind geht eines Tages, die gegenseitige Liebe zwischen ihnen soll bleiben.
  Machen Sie daher aus dem Chaos im Kinderzimmer keine Fahnenfrage.

Diät

Kein weibliches Mitglied meiner Familie ist/wird größer als 164 cm. Nie gibt es Probleme mit zu kurzen Hosenbeinen. Auch müssen wir uns keine Sorgen in Richtung Magersucht machen: Unsere Mädchen verfügen über den gesunden Appetit Heranwachsender und würden eher den Hosenbund weiter machen, bevor sie auf Schokobananen, Nutella und Mohren im Hemd verzichten.

Anna, die heuer 18 wird, kann von ihrer Mutter mit Mühe überredet werden, wenigstens für Maturabälle ein wenig Rouge und Wimperntusche aufzutragen. Die Welt der internationalen Modeszene ist also für sie kein Thema. Eher zufällig ist sie auf ein TV-Format gestoßen, in dem Woche für Woche Österreichs nächstes Top-Model gesucht wird. Präsentiert wird die hippe Casting-Show von einem langbeinigen, blauäugigen germanischen Prachtmädel mit kess blondiertem Kurzhaarschnitt, als Jury steht ihr Allemande (?), ein dunkelhäutiger Betreiber eines Tanzstudios, zur Seite, der des Deutschen nur rudimentär mächtig ist: „Heute muss ich ssein ganz viel strikter mitdi Mädls“. Weiters eine mittelalterliche Agenturchefin, die vor allem in der Eingangsphase dafür verantwortlich ist, dass sich keine Kandidatin unter dem Gardemaß von 175 cm in den Bewerb schummelt. In Zweifelsfällen legt Allemande eine Messlatte an: „Denise, du bis ja wirklig ssupa-ssupa-ssüß, abe du bist leida zu klein und kannst der Pose nickt halten und hast auf der Hüften suu viele Kilos.“

Als meine Söhne, von den Schwestern heftig gebeten („Wir bringen euch Keks und schälen euch Orangen und massieren euch die ganze Sendung lang den Rücken"), zum ersten Mal die Model-Show verfolgten, saß der ehemalige Rapid-Kicker Stefan Maierhofer als Promijuror neben dem deutschen Prachtmädl. Wiewohl er keine nennenswerten Bonmots absonderte, war er doch ein Fels der Normalität in einem Meer von oberflächlichen Banalitäten.

So beobachten wir also die hochgewachsenen, dank ausgeklügelter Diätvorschriften gertenschlanken und von einem Top-Visagisten von europäischem Rang gestylten jungen Mädchen, wie sie sich einer Challenge (Bewährungsprobe) nach der anderen stellen: Sie müssen in einem Auslagenfenster einer Nobelboutique als Schaufensterpuppen posieren; in die Kanalisation Wiens hinuntersteigen, um auf den Spuren des Dritten Mannes frierend an der schmutzigbraunen Mauer zu „posen"; mit möglichst unphysiologischen Bewegungen den Catwalk (Katzenspaziergang) entlangstaksen. Am Ende der Sendung scheidet jeweils eine Kandidatin aus: „Deine Performance ist eine einzige Katastrophe, wir erkennen keine Entwicklung bei dir!"

Ganz besonderes Augenmerk liegt auf dem richtigen „Laufen" (österreichisch: Gehen). Wer natürlich und ungezwungen über den Laufsteg geht, hat schon verloren. Wer die höchsten Weihen der Modebranche erlangen will, muss sich einen geradezu idiotischen, von Paris, Mailand und New York diktierten Gang antrainieren.

Es ist schon paradox: In einer Zeit, in der peinlich darauf Bedacht genommen werden muss, gender mainstreaming-mäßig korrekt zu formulieren, lassen sich emanzipierte junge Mädchen vor laufender Kamera zu willenlosen, abgemagerten Marionetten erniedrigen.

Bin ich froh, dass Anna anders ist. In den Werbepausen der Sendung trampelt sie herzhaft in die Küche, um sich einen dritten Kornspitz mit Schinken und Gurkerl zu holen – und für die Geschwister eine Schüssel Popcorn.

Tipps:

- In unserer von den Medien (leider) stark beeinflussten Zeit ist es für Heranwachsende nicht einfach, mit ihrem Äußeren zufrieden zu sein. Elterliche Kommentare sind eine heikle Gratwanderung.
- Wenn man bedenkt, wie viele junge Mädchen (und immer häufiger auch Burschen) den zeitgeistigen Diätwahn bis zur Magersucht treiben, sollten wir Eltern froh sein über den gesunden Appetit unserer Kinder.
- Sollte Ihr Kind objektiv Figurprobleme entwickeln, steuern Sie unauffällig dagegen: appetitliche Rohkoststäbchen mit Yoghurtdip statt Chips und Schokoladekeks, essfertig arrangiertes frisches Obst statt Salzerdnüssen, Hühnerbrustfilet statt Wienerschnitzel.
- Wenn Sie mit der Familie essen gehen, lassen Sie sich nicht zu einem Besuch in einem Fastfood-Lokal überreden. Jedes gutbürgerliche Gasthaus bietet auch gesunde Köstlichkeiten.

- Esskultur ist nicht angeboren, sondern muss im familiären Alltag zur Gewohnheit werden: Vermeiden Sie, wann immer es möglich ist, Fertiggerichte auf den Tisch zu bringen – eine selbst gemachte Suppe und ein bunter Salat sind gesünder und schmecken einfach besser.
- Früher war der Herd Symbol für den gemeinsamen Mittagstisch, heute ist es vielfach die Mikrowelle. Versuchen Sie, wenigstens einmal am Tag eine Mahlzeit als Familie einzunehmen.

Ernährung

Ich kenne eine Mutter von drei Mädchen, die legt großen Wert auf gesunde Ernährung. Deshalb kauft sie Obst und Gemüse nur ab Hof bei einem Biobauern. Als gute Kundin bekommt sie immer Rabatt.

Dennoch zahlt sie viel mehr als ich, der ich gerne auf die preisgünstigen Aktionsangebote unseres Nahversorgers zurückgreife. (Allerdings achte ich ganz genau darauf, dass die Produkte aus Österreich kommen.) Meine Bekannte kauft nur in den seltensten Fällen Fleisch, da es ökologisch bedenklich ist.

Einmal waren Gottfried und ich mit den Kindern bei ihr zum Mittagessen eingeladen. Sie hatte sich große Mühe gegeben: Für die Erwachsenen gab es als Vorspeise Rucolasalat in einer Marinade aus Sojasauce und Zitronengras. Dann Bio-Paradeiser mit Öko-Käse überbacken, unbehandelten Wildreis und ein wenig Kräutersauce. Für die Kinder hatte sie Vollwertspaghetti mit Zucchini gekocht. Als Nachspeise: Dinkelkekse mit Quittenmus – für alle.

Ich kostete von allem, erkundigte mich beflissen nach den Rezepten, mein Mann pries die Kochkünste der Hausfrau. Die Kinder stocherten dennoch in den braunen Nudeln, lustlos.

Sie waren sehr hungrig, als wir wieder im Auto saßen. Anna bettelte: „Mama, bitte fahren wir was essen!" Wir fuhren ins nächste Gasthaus.

Die lieben Kleinen bestellten sich: Kinderwiener mit Pommes, oder nur Pommes, dafür eine doppelte Portion und viel Ketchup. Zum Nachtisch löffelten sie riesige Eisbecher leer.

Irgendwie aber hatte ich ein schlechtes Gewissen und beschloss, auch bei uns öfter vegetarisch zu kochen. Jedenfalls dünstete ich anderntags vielerlei Gemüse: Karotten, Karfiol, Champignons, Brokkoli.

„Warum gibt´s heute eigentlich nur Beilagen?“, fragte Jakob. „Weil es gesund ist.“ – „Mama, bitte fang du nicht auch damit an!“

Es ist schon einige Zeit her, da kam es zum Gegenbesuch. Die freundliche Bekannte brachte nicht nur ihre drei Töchter mit, sondern auch kleine Säckchen mit gedörrten Zwetschken und getrocknete Bananenscheiben aus dem Reformhaus.

Ich hatte vier Familienpackungen Schweinefleisch (zum halben Preis) gekauft und viele Schnitzel paniert. Dazu gab es Uncle Bens-Reis und Vogerl-Erdäpfel-Salat mit Kernöl.

Zugegeben, kein sehr originelles Menü. Doch seine Wirkung war gewaltig. Kaum stand der Teller mit den Wienerschnitzeln auf dem Tisch, stachen die Mädchen mit ihren Gabeln zu. Schlangen und schmatzten so lange, bis nur noch ein Stück da war. Um das gab es ein bisschen Streit.

Die Mutter begnügte sich mit ein wenig Salat. Von der Sachertorte mit Schlag hätten die Mädchen gerne mehr gegessen. Aber es ging nicht, so voll waren sie.

Dankbar lehnten sie sich zurück, rülpsten das eine oder andere Mal – die ungewohnt schwere Kost tat doch ihre Wirkung. Fragten zum Abschied, ob sie bald wiederkommen dürften, und fuhren heim.

Dort holte die Mutter die mit Öko-Käse überbackene Bio-Aubergine, die vom Vortag reichlich übrig geblieben war, aus dem Eiskasten und verzehrte sie. Nachdenklich und hungrig.

Tipps:

- Seit ihrem 6. Lebensjahr ist unsere jüngste Tochter Vegetarierin. Seit damals gibt es täglich auch eine vollwertige fleischlose Speise, die auch den meisten anderen Familienmitgliedern durchaus schmeckt.
- Viele kleine Sportler bekommen von ihren Trainern die Anweisung, sich bewusst zu ernähren. Das bedeutet: keine Hamburger, kein Döner-Kebab, keine panierten Schnitzel, keine fetten Pommes frites, sondern kohlenhydratreiche Kost (Nudeln) und frisches Obst und Gemüse.
- Das Auge isst mit: Kinder lieben Lachgesichter auf Butterbroten, sogar wenn die Augen aus Radieschen, die Nase aus Karotte und der Mund aus Paprika ist.
- Nehmen Sie sich in der Früh genug Zeit, Ihrem Kind ein schmackhaftes Frühstück und eine gesunde Jause zuzubereiten. (Schulbüffets bieten selten gesunde Snacks, weil diese von den Schüler/innen nicht angenommen werden.)

Fernsehen

In unserer Familie kommt es regelmäßig zu Diskussionen, die verlaufen so: „Papa, der Maxi hat einen Fernseher mit Flatscreen, weißt wie geil?“ Oder: „Wir Großen hätten gern einen eigenen Fernseher, den würden wir von unserem Geld kaufen.“ Oder: „Wenigstens Premiere könnten wir uns anschaffen, Papa.“

Wir gehören zu jenen rückständigen Haushalten, die lediglich über ein einziges TV-Gerät verfügen – mit Minimalausstattung. Einmal im Jahr, wenn wir für zwei Tage nach Ungarn in ein Thermalbad fahren, dürfen die Kinder, gewissermaßen als Entschädigung für viele öde Abende ohne Fernsehen, glotzen, soviel sie wollen.

Während unseres letzten Kurzurlaubs kam unsere 11jährige Tochter aufgeregt in unser Zimmer gelaufen, während ich ein hochklassiges Fußballspiel verfolgte: „Papa, ich muss dir was ganz Schirches zeigen.“

Ich dachte an Gruselschocker oder Horrorkrimis. Was ich dann aber sah, ließ mich ein bisschen rot werden: Ein junges Paar, das sich beim Liebesspiel laut, aber lustlos abmühte. Der Kameramann zeigte detailverliebt vor allem die primären Geschlechtsorgane – bildschirmfüllend.

Auch wenn mir auf diesem Gebiet einschlägiges Insiderwissen fehlt, wurde mir augenblicklich klar: Hier handelt es sich um einen Porno, und zwar in Hardcore-Version (und das vor Mitternacht), der wirklich ausgesprochen „schirch“ war.

Jedenfalls hat mich dieser kleine Zwischenfall in meiner (altmodischen) Ansicht bestärkt: kein Fernseher ins Kinderzimmer!

Die zwei wichtigsten Einwände dagegen: 1.) Kindern geht die Zeit, die sie passiv vor dem TV-Apparat verbringen, für die Erkundung der Wirklichkeit verloren. Filme sind Leben aus zweiter Hand.

2.) Der (meist) grässliche Bilderbrei, der gleichsam die Sinnesorgane verklebt und sie für leise, zarte, langsame, schöne Zwischentöne unempfänglich macht, stört Kinder in ihrer Entwicklung.

Als Lehrer weiß ich, wovon ich rede: Manche Schüler/innen können nicht über eigene Erlebnisse erzählen, weil sie keine haben. Und viele sind montags besonders unkonzentriert, weil sie vorwiegend fernsehend ihr Wochenende verbracht haben.

Viele Eltern haben, bedauerlicherweise, vor dem Fernsehen kapituliert. Auch noch so gut gemeinte Medienkunde kann die Macht des Fernsehens als Erziehungsinstanz nicht brechen. Allein wir Eltern können es.

Unlängst nahm ich eine Schulfreundin meines jüngsten Sohnes im Auto mit. Das Mädchen erzählte von einer Vorabendserie, die Jakob nicht kannte. Darauf die Kleine: „Was, du hast keinen eigenen Fernseher? Mei – arm!"

Und dann schilderte sie begeistert, wie toll das ist, wenn man einen für sich alleine hat: „Die Mama und der Rudi schauen in ihrem Zimmer und ich in meinem. Seit ich einen eigenen Fernseher habe, streiten wir viel weniger."

Ja, so kann man es natürlich auch sehen.

Tipps:

- Achten Sie darauf, dass Ihr TV-Gerät nur eingeschaltet wird, wenn Sie oder Ihre Kinder wirklich eine bestimmte Sendung sehen wollen.
- Treffen Sie Vorkehrungen, dass Ihre Kinder das Gerät in Ihrer Abwesenheit nicht in Betrieb nehmen können.
- Bei gemeinsamen Mahlzeiten ist das Fernsehen tabu.
- Seien Sie Vorbild als Medienkonsument: Verzichten Sie auf die eine oder andere Sendung und spielen Sie in der so gewonnenen Zeit mit Ihren Kindern oder lesen Sie ihnen etwas vor.

Geborgenheit

Unlängst erzählte mir Sophie, dass sich vor kurzem die Eltern einer Mitschülerin scheiden haben lassen. Jedes zweite Wochenende holt sie ihr Vater, Weihnachten wird sie allein mit der Mama feiern, dafür ist sie zu Silvester wieder beim Papa.

„Und stell dir vor, zu ihrem Geburtstag hat sie Oma und Opa nicht einladen dürfen, weil ihre Mama nur mehr ihre eigenen Eltern dabeihaben will. Sie war ziemlich traurig, weil sie ihnen so gerne ihr neues Hochbett gezeigt hätte. Weißt du, was Denise am meisten stört: Dass sie nie mehr mit beiden Eltern im Urlaub ans Meer fahren kann. Dabei hat ihr Papa letztes Jahr den 2. Preis im Sandburgen-Wettbauen geschafft und eine coole Taucherbrille für sie gewonnen. Also, mir wär – ehrlich gesagt – schon ein bissl fad nur mit dem Papa."

Jakob mischt sich in das Gespräch ein und sagt ganz unvermittelt: „Wenn du dich vom Papa scheiden lässt, möchte ich tot sein." Ich verspreche ihm, dass das niemals der Fall sein wird. Sophie hat eine, wie sie meint, gute Idee: „Ich würde ganz schnell zum Scheidungsrichter laufen und ihm sagen, dass er es nicht tun soll."

Da meldet sich wieder mein kleinster Sohn zu Wort: „Wenn du von zu Hause weggehen würdest, wen würdest du mitnehmen – und wer würde dann beim Papa bleiben?"

Gibt es eine schlimmere Frage für eine Mutter? Ich versichere meinen Kleinen, dass wir noch viele Jahre zusammen bleiben werden. Und ich wünsche mir, dass sie in unserer Familie erleben, was manche Kinder in dieser schnelllebigen Zeit oft schmerzlich vermissen: Geborgenheit.

Trennungen, Scheidungen, neue Partner, Übersiedlungen, Schulwechsel – plötzlich ist nichts mehr, wie es einmal war.

Wenn die Welt „draußen" sich schon ständig über Nacht verändert, sollen sich unsere Kinder wenigstens auf den Alltag daheim verlassen können.

Auf einmal reißt mich Sophie aus meinen Gedanken und sagt mit großem Nachdruck in ihrer Stimme: „Gell, Mama, was man verspricht, das muss man auch halten!"

Ja, meine liebe kleine Tochter, das muss man.

Tipps:

- **Alle wissenschaftlichen Studien stimmen darin überein, dass die ersten drei, vier Lebensjahre eines Menschen die prägendsten sind. Keine pädagogische Fertigkeit kann die Liebe von Vater und Mutter ersetzen.**
- **Kinder sollen wissen, wo sie hingehören, wo sie sicher und geborgen sind.**
- **Wer einen starken Rückhalt in der Familie hat, kann sich, glaube ich, besser auf unbekannte Abenteuer seiner Lebensreise einlassen. Weil er weiß, dass er immer auf sicheren Boden zurückkehren kann.**

BIST DU ABER EIN SÜSSES HÜNDCHEN!
W.T.

Haustiere

Einige Jahre hatten wir kein Haustier. Dann wünschte sich Dominik zu seinem sechsten Geburtstag ein Aquarium mit vielen bunten Fischen. Ich erinnere mich noch an den Fensterputzer, der die meiste Zeit fett und träge wie ein Saugnapf an der Scheibe klebte. Und an eine kleine blaue Art, die sehr aggressiv war und es auf die harmlosen Goldfische abgesehen hatte. Ich glaube, sie hießen Guppys.

In reißfesten Nylonsäckchen trugen wir damals immer mehr Fischlein aus der nahe gelegenen Tierhandlung nach Hause und setzten sie im Aquarium aus.

Dort schwammen sie munter umher, bereit, sich gegenseitig zu begatten und all das. Nur die kleinen blauen Kampffische störten ein wenig die Idylle und brachten hin und wieder einen harmlosen Mitbewohner zur Strecke.

Obwohl Astrid sich in der Pflege des Biotops genau an die Anweisungen des reich bebilderten Ratgebers „Viel Freude mit dem Zimmeraquarium" hielt, kippte das Wasser nach einem guten Jahr: Die Fischlein, die alle Namen von Popstars, Filmschauspielern und Popstars trugen, trieben, mit dem Bauch nach oben, tot an der Wasseroberfläche.

Erstaunlicher Weise trotzte der zierliche Schleierfisch Andy Herzog dem Massensterben am längsten. Es war jedenfalls kein schöner Anblick.

„Schluss mit den Fischen", sagte ich diktatorisch. Angesichts der Tatsache, dass das Aquarium verdammt schwer war, wollte ich es auf seinem Platz belassen und schlug als neue Bewohner eine Tierart vor, die für ihre Widerstandsfähigkeit und Langlebigkeit berühmt ist: Schildkröten.

Mein Jugendfreund Kurt hat zwei Wasserschildkröten. Sie heißen Shiggy und Turtok, nach den berühmten Pokémon-Kampfmonstern. „Für unser Aquarium hole ich euch zwei", sagte ich.

Auch wenn sich die Kinder für meine Idee nicht wirklich begeistern konnten, zogen Gusti und Franzi ins Aquarium ein. Sie waren nicht unsympathisch und emotional völlig anspruchslos.

Leider konnte sich mein Nachwuchs mit ihnen nie richtig anfreunden: „Wir wollen keine langweiligen Tiere, die das halbe Jahr schlafen, nur weil sie uralt werden", sagten sie. „Wir wollen ein Tier, das man streicheln kann."

Also nahmen wir eine kleine Katze bei uns auf. Grau-weiß gefleckt. Gaben ihr den Namen Sylvester. Bohrten ein Loch in die Eingangstür und brachten eine Katzenklappe an, damit sie nach eigenem Willen aus- und einlaufen konnte. Hatten viel Freude mit ihr – bis sie eines Tages von einem ihrer Ausflüge nicht mehr wiederkehrte, was uns allen leid tat.

Es ist einige Jahre her, da hatte meine damals dreijährige Tochter Sophie, ein für ihr Alter erstaunlich vernünftiges Mädchen, mit fester Stimme erklärt: „Papa, ich möchte bitte einen Hasen haben." Meine Antwort, typisch für einen Erziehungsberechtigten: „Aber Sophielili, du bist noch zu klein für einen Hasen. Wenn du sechs bist und in die Schule gehst, bekommst du einen."

Jetzt ist Sophie 13 und wir haben einen Hund namens Happy, den Kater Simba und zwei Zwergkaninchen.

Tipps:

- Seien Sie sich im Klaren darüber, dass Kinder im Zusammenleben mit Tieren viele wertvolle Erfahrungen machen können.
- Auch Familienmitglieder, die anfangs der Anschaffung eines Haustieres skeptisch bis ablehnend gegenübergestanden sind, freuen sich nach einer Zeit der Eingewöhnung über die neuen Mitbewohner.
- Klären Sie von allem Anfang an, wer für die Betreuung des Haustieres verantwortlich ist. Seien Sie sich aber darüber im Klaren, dass letztlich Sie selbst die Endverantwortung haben.
- Kinder sind überfordert von der Pflicht, sich Tag für Tag mehrmals um ein (mittlerweile ausgewachsenes) Haustier zu kümmern.
- Vergessen Sie nicht: Kinder werden älter und haben erfahrungsgemäß immer weniger Zeit, sich um die vierbeinigen Mitbewohner zu kümmern.
- Sie sollten schon auch selbst ein (potentieller) Tierfreund sein – ansonsten gäbe es zu oft Situationen, in denen Sie sich ärgern könnten.

iPod

Das Leben unserer Kinder könnte so schön sein, würde nicht in unregelmäßigen Abständen das passieren, was auf keinen Fall passieren darf: Der iPod, der beste Freund und unverzichtbare Begleiter des Jugendlichen des 21. Jahrhunderts, ist verlegt/kaputt/in die Badewanne-Klomuschel-Regentonne gefallen/nicht aufgeladen/vom Hund angeknabbert worden.

Was mich an der Erfindung dieses handlichen Krachmachers wirklich stört, ist die Tatsache, dass meine Kinder, sobald sie verkabelt sind, nur mehr durch heftige optische Kontaktaufnahme ansprechbar sind und erst reagieren, nachdem sie unter leisem Seufzen ob der Unterbrechung des Hörgenusses zumindest eine Ohrmuschel freigelegt haben.

Außerdem war ich so lange geneigt, die allgegenwärtige Dauerberieselung meines Nachwuchses mit vermeintlich wertloser Musik abzulehnen, bis ich während einer gemeinsamen Busfahrt aus reiner Neugier einen Lautsprecher meines Sohnes Klemens an mein Ohr hielt – und total verblüfft die Ouvertüre von Wagners „Tannhäuser“ zu hören bekam.

Nicht ganz so schlimm wie das Abhandenkommen eines funktionierenden iPods sind die häufigen Defekte der unmittelbar zu diesem tragbaren Musikreproduktionsgerät gehörenden winzigen Kopfhörer, an stylische Hörhilfen erinnernde Stöpselchen, die die meist viel zu lauten Töne zwecks späteren Tinnitus direkt ins Innenohr leiten.

Der häufig geführte Dialog in unserem Haus heißt „Kannst du mir kurz deine Ohrstöpsel leihen, ich gehe nur schnell laufen (mit dem Hund spazieren, einkaufen)." – „Tut mir leid, ich brauch meine selber, ich gehe gerade schlafen (muss mit der Straßenbahn in die Stadt, brauche sie für den Schulweg)."

Seit ich bei einem örtlichen Elektronikgroßmarkt anlässlich einer Aktionswoche eine äußerst preiswerte Sechserpackung Kopfhörer in den wichtigsten Neonfarben erstanden habe, ist die Situation freilich einigermaßen entschärft.

So habe ich die berechtigte Hoffnung, dass unsere Kinder auch weiterhin ohne einschneidende Einbußen in ihrer Lebensqualität aufwachsen.

Tipps:

- **HNO-Ärzte warnen dringend und zu Recht davor, zu häufig, zu lange und zu laut Musik zu hören. Nicht nur nach Discobesuchen, sondern auch durch unsachgemäße Handhabung ihres iPods entwickeln schon junge Menschen Symptome eines Tinnitus.**
- **Viele Jugendliche schotten sich von ihrer Umwelt ab und sind für niemanden ansprechbar, sobald sie ihren iPod aktiviert haben. Vereinbaren Sie rechtzeitig iPod-freie Zeiten.**
- **Wer 15000 Titel auf seinem iPod geladen hat, muss diese praktisch rund um die Uhr hören, bevor sie unaktuell geworden sind. Obwohl iPods ein Statussymbol sind: Es muss nicht der teuerste mit der größten Ladekapazität sein.**

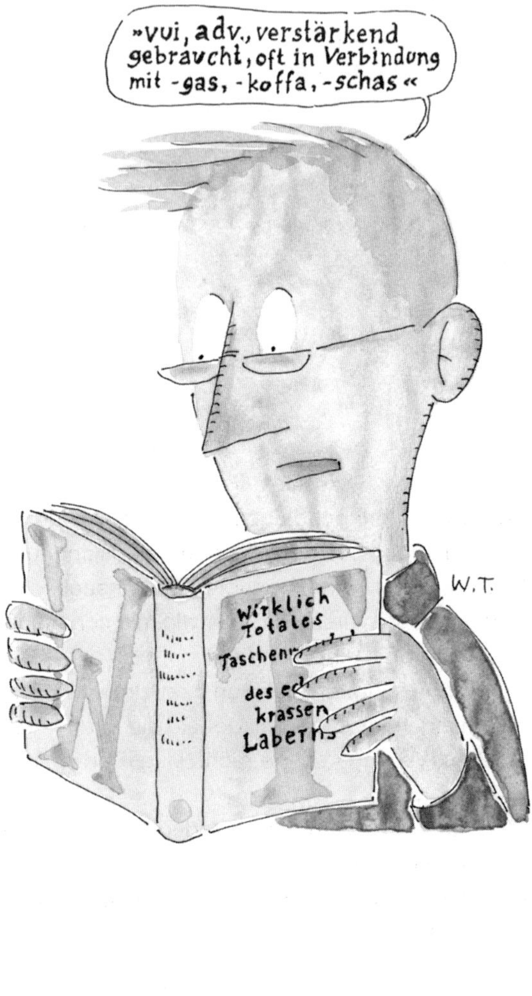
»vui, adv., verstärkend gebraucht, oft in Verbindung mit -gas, -koffa, -schas«
W.T.
Wirklich Totales
Taschen
des e
krassen
Laberns

Jugendsprache

Kaum etwas ändert sich schneller als die Sprache unserer „Kids". Ausdrücke, die unsere älteren Kinder noch verwendeten, kennen die jüngeren schon nicht mehr. Nur ein Wort ist ein Fixstern am jugendlichen Sprachhorizont, und das seit Jahren: geil.

Unsere Söhne verwenden dieses Wort im Sinne von „super". Viele andere Charakteristika der Jugendsprache sind innerhalb kürzester Zeit in Vergessenheit geraten. Können Sie sich etwa noch an die sehr kurze Episode der „Krocha" erinnern? Diese Gruppierung, die sich im Jahr 2007 entwickelte, definierte sich vorwiegend durch ihren Kleidungsstil, ihre Art zu tanzen und ihre Sprache. Bei der Wahl zum „Wort des Jahres" 2008 belegte „Krocha" (hochdeutsch: Kracher) den zweiten Platz hinter dem Terminus „Lebensmensch". Das Vokabular der Krocha war einigermaßen gewöhnungsbedürftig. So stand „Kroch' ma' eine" (Krachen wir hinein) ganz einfach für Spaß haben oder einfach nur für das Betreten einer Diskothek. Zur Betonung und Bejahung war das Wort „fix" gebräuchlich. Als allgemeiner Ausdruck der Gefühlserregung diente das Wort „Bam", zum Ausdruck der Fassungslosigkeit die Phrase „Pock i ned" (Ich fasse es nicht). „Oida" (Alter) wurde auch ohne sichtbaren Zusammenhang fast jedem Satz vor- oder hintangestellt.

Zur Zeit ihrer Hochblüte gab es sogar Krocha-Witze. Zum Beispiel: Sagt ein Krocha zum anderen: „Bam, Oida, nächste Woche kommt mein Cousin mit seinen krocha-Freunden aus der Schweiz zu uns schichtln und krochn." Sagt der andere: „Bam, Oida, geil, Oida, Schweizer Krocha, Oida." Oder: Was ist die Mehrzahl von BAM OIDA? WALD OIDA.

Tipps:

- Gewisse Ausdrücke Ihres Kindes können Sie sich getrost verbitten. Vor allem das momentan inflationär gebrauchte Adjektiv „schwul“ bzw. „gay“ im Sinne von „uncool“ lässt sich mit der gebotenen political correctness in keiner Weise vereinbaren.
- Sie können sicher sein, dass die meisten Spezialvokabeln der Jugendsprache in Kürze wieder verschwinden. Trotzdem können Sie verlangen, dass sich Ihr Kind mit Ihnen und in Gegenwart anderer Erwachsener einer gepflegten Umgangssprache bedient, die auch Menschen der Generation 30+ verstehen.
- Wenn Sie tiefer in die Geheimnisse der Jugendsprache eindringen wollen, besorgen Sie sich das jährlich aktualisierte „Wörterbuch der deutschen Jugendsprache“. Viel Spaß beim Schmökern!

Kinderfragen

Kinderfragen können für Eltern oft mühsam sein. „Papa, warum darf ich nicht Tatort schauen?“ – „Weil du für diese Sendung noch zu klein bist.“ – „Alle in meiner Klasse dürfen schauen, nur ich nicht. Warum?“ Langwierige Debatten enden meist mit einem Schlusswort meinerseits, dem es, zugegebenermaßen, an logischer Beweiskraft mangelt: „Weil ich es nicht will.“

Oft aber stellt mir meine 12jährige Tochter durchaus intelligente Fragen. „Papa, wie funktioniert eigentlich ein Fotoapparat?“ Hilflos stammle ich etwas von Blende und Linse.

Auch ein Blick in meine Bücherregale konnte mir in diesem Fall nicht weiterhelfen, obwohl in ihren Reihen etliche (zum Teil gänzlich uneingesehene) Lexika stehen, für deren (preislich stark reduzierten) Ankauf ich eine gewisse Schwäche habe: „Propyläen-Weltgeschichte“ (22 Bde.), „Große Kulturen der Frühzeit“, „Kindlers Malerei-Lexikon“ (jeweils 15 Bde.) oder „Der wilde Westen“ (fünf Pracht-Bände). Das Durchforsten der 32-bändigen „Bibliothek des Wissens“ erschien mir doch ein wenig zu zeitaufwändig.

Bei unserem letzten Osterausflug brachte mich meine Tochter allerdings in nicht unerhebliche Verlegenheit: „Du, Papa, wenn eine Wespe in unserem Auto ist, warum prallt sie dann nicht gegen die Heckscheibe, wenn sie doch langsamer fliegt, als du fährst?“

Nach einer ersten Schrecksekunde versuchte ich zunächst Zeit zu gewinnen, indem ich sie für die originelle Frage lobte. Dann eröffnete ich gewissermaßen eine innerfamiliäre Konferenzschaltung und gab die Problemstellung an meinen Ältesten weiter. Der allerdings konnte mir auch nicht weiterhelfen, sondern murmelte etwas von „V_0“ und „Trägheitsgesetz“.

Da ich zwar schon viele Insekten an der vorderen Seite außen picken sah, nie jedoch eines an der hinteren innen, entschied ich gefühlsmäßig richtig: Einer Wespe passiert nichts, sie fährt einfach mit. Die physikalische Erklärung konnte ich freilich nicht geben, holte sie jedoch bei meinem Bruder ein, einem Hochschullehrer für Geodäsie.

Dieser versicherte mir, er könne den Sachverhalt in gebotener Kürze unmöglich wissenschaftlich korrekt, sondern nur in sehr einfachen Worten darstellen, und führte aus: „Das bewegte Fahrzeug ist stets im Banne des Gravitationsfeldes der Erde. Die Wirkungsweise dieses Erdschwerfeldes ist nicht ganz leicht verständlich, vor allem dann, wenn man an das Flugzeug denkt, das im Prinzip dem Beispiel der Wespe vergleichbar ist.“ Ich war ein wenig erleichtert, dass auch diese fundierte Aussage meine Tochter nicht wirklich zufrieden stellte.

Glücklicherweise sind auf Autofahrten die meisten Frage meiner Kinder von einfacherer Natur – zum Beispiel, ob sie ein Eis haben dürfen. Meine Antwort ist stets ein schlichtes Nein.

Ich bin kategorisch gegen den Verzehr jeglicher Eislutscher in unserem Bus, da sie in geschmolzenem Aggregatszustand sehr klebrig sind. Das weiß ich nämlich auch ohne jedes Lexikon.

Tipps:

- Geben Sie sich keine Mühe, allwissend zu erscheinen. Sehr bald spüren Ihre Kinder Ihre unvermeidlichen Wissenslücken auf. Sie sollten jedoch von Ihnen lernen, wie man an Informationen kommt. (Wikipedia sollte nicht Ihre einzige Anlaufstelle sein!)
- Eltern, die glauben, auf alles eine langatmige und perfekte Antwort geben zu müssen, können Kinder überfordern. Diese werden sich bei der ersten sich bietenden Gelegenheit rächen.
- Es fällt Ihnen kein Stein aus der Krone, wenn Ihr Kind auf dem einen oder anderen Gebiet mehr weiß oder kann als Sie selbst (zum Beispiel am PC oder beim Programmieren des DVD-Players).
- Nehmen Sie sich Zeit und beantworten Sie die Fragen Ihres Kindes mit gebotener Ernsthaftigkeit.
- Das Gefühl, dass Sie ihm nicht richtig zuhören, ist kränkend für Ihr Kind. Irgendwann wird es Sie nicht mehr fragen.
- Kinderfragen können sehr philosophisch sein und Ihre Gedanken wenigstens für einige Minuten aus dem Alltagstrott entführen.

DARF ICH DICH ETWAS FRAGEN, PAPA?
NUN, DU WEISST, MEIN NAME IST HASE ...
W. T.

Kinderratschläge

Anna, meine 15jährige Tochter, trägt ihr Herz auf der Zunge: „Weißt du, was ich so ungerecht finde, Papa? Alle Erziehungsratgeber für Eltern, und ich glaube, es gibt sauviele davon, sind von Erwachsenen geschrieben. Manche von ihnen haben nicht einmal selber Kinder. Wie wollen die wissen, was in einer Familie wichtig ist? Ich glaube, es gibt kein Erziehungsbuch, das von einem Jugendlichen verfasst worden ist. Dabei wüsste ich genau, was ich schreiben würde."

Ich bat sie, die ihrer Meinung nach wichtigsten Punkte zu formulieren. Hier das Ergebnis:

1. Nehmt uns Kinder so an, wie wir sind – mit unseren Stärken, aber auch mit allen unseren Schwächen.

2. Versucht nicht aus uns jemanden zu machen, der wir nicht sind.

3. Lasst uns Fehler machen! Wir wissen, dass ihr es gut mit uns meint. Aber gut gemeint ist oft das Gegenteil von gut.

4. Vergesst nicht: Wie wir unser Leben gestalten, ist unsere Entscheidung. Wir wollen nicht eure unerfüllten Lebensträume verwirklichen müssen.

5. Bitte keine Moralpredigten! Wir kennen sie von der Schule: Je länger und je öfter Lehrer uns Schülern vorhalten, was wir zu tun und was wir zu unterlassen haben, desto weniger hören wir zu. Es ist wirklich so: Es geht bei einem Ohr rein – und beim anderen raus.

6. Kein Liebesentzug bei schlechten Noten! Gerade, wenn wir versagen, brauchen wir eure Unterstützung und das Gefühl, dass ihr hinter uns steht. Strafen bewirken in diesem Fall gar nichts und sind kontraproduktiv.

7. Vergleicht uns nicht mit Geschwistern, Mitschülern oder Kindern von Freunden. Wir vergleichen euch auch nicht mit anderen Eltern.

8. Schaut nicht in unser Zimmer! Schließlich müssen wir darin wohnen – und sonst niemand. Habt die Größe und verzichtet auf den mühsamsten aller Elternklassiker: „Räum endlich deinen Saustall auf!" Seid versichert: Bevor wir im Chaos untergehen, werden wir uns aus eigener Kraft retten. Eure Angebote gemeinsam mit uns Ordnung ins Chaos zu bringen, sind anerkennenswert, aber leider nicht annehmbar. Auch 15jährige haben ihren Stolz!

9. Staubsauger, vor unserer Zimmertür abgestellt, bewirken mit ihrem unerträglichen Geräusch nichts. Glaubt uns: Irgendwann werden auch uns Staublurche zu grindig.

10. Seid nicht zu neugierig! Manchmal haben wir unsere (kleinen) Geheimnisse, die wir für uns behalten wollen. Habt ihr nicht auch welche vor uns?

11. Hört zu, wenn wir was loswerden wollen! Gebt uns das Gefühl, dass ihr uns ernst nehmt, und spielt uns nichts vor.

12. Akzeptiert unsere Freunde! Ihr müsst sie nicht mögen, aber lasst sie nicht wissen, dass ihr sie ablehnt. Auch wir finden nicht alle eure Bekannten wahnsinnig sympathisch.

13. Lasst uns unsere Mode! Wann, wenn nicht in der Jugend, darf man gegen den so genannten guten Geschmack verstoßen und seinen persönlichen Stil kreieren?

Tipps:

- Hängen Sie den folgenden Spruch eines arabischen Dichters gut sichtbar über Ihren Arbeitsplatz: „Eure Kinder sind nicht euer Besitz. Sie sind die Söhne und Töchter der Sehnsucht des Lebens nach sich selber. Sie kommen durch euch, aber nicht von euch, und obwohl sie mit euch sind, gehören sie euch doch nicht. Ihr dürft ihnen eure Liebe geben, aber nicht eure Gedanken, denn sie haben ihre eigenen Gedanken.“ (Khahil Gibran)

Lego

Heuer überraschte ich Gottfried, als er von einer dreitägigen Fahrradtour rund um den Neusiedlersee mit unseren drei Töchtern zurückkam, mit einer neuen mächtigen Bücherstellage. Alle aktuellen Kinder- und Jugendbücher sind nun katalogisiert und zentral aufbewahrt. Dafür musste das Lego weichen.

Die bunten Legosteine, die seit längerem schon unbeachtet in riesigen Kisten liegen, erzählen eine bewegte Geschichte. Die ersten von ihnen kamen ins Haus, als Dominik, unser Ältester, seinen fünften Geburtstag feierte. Mit fiebrigen Fingern riss er die Verpackung auf und fügte die Steine nach der Bauanleitung des Polizeibootes 2453 zusammen.

Von nun an gab es kein Geburtstags-, Namenstags-, Oster- oder Weihnachtsfest ohne die unzerstörbaren, vielseitigen Plastiksteine aus Dänemark.

Auch ich ließ mich von der Lego-Mania meiner Söhne anstecken und wartete sehnsüchtig auf den neuen Katalog, den mir die Verkäuferin meines Vertrauens des damals größten Spielzeuggeschäftes unserer Stadt nach Hause mitgab. Im Schein der Nachttischlampe blätterte ich die Seiten durch, kreuzte Artikelnummern an, rechnete, kalkulierte und kaufte. Immer hatte ich Legoreserven angelegt, hinter den Pullovern in meinem Wäschekasten, die als Belohnung für ganz besondere Leistungen in Schule und Haushalt herangezogen werden konnten.

Die Buben bauten, vorwiegend auf dem Boden knieend, Ritterburgen, Rettungsstationen, Piratenschiffe, Inselwelten, Verliese, Züge, Bahnhöfe und Häfen, Autobahnen, Tankstellen, Flugzeuge,

Hubschrauber und ferngesteuerte Frachtkräne. Unsere Töchter kümmerten sich nicht um emanzipatorisch korrekte Interessensgebiete, sondern fügten liebevoll die ebenfalls im Lego-Programm angebotenen Wohnhäuser zusammen, die mit Küchenzeilen, Nasszellen, Vorhängen, Blumentöpfen und Haustieren ausgestattet waren.

Waren das Augenblicke des Triumphes und der Tränen, wenn nach stundenlanger Suche der flache einreihige graue Sechser doch noch beziehungsweise die nur millimetergroße Handprothese des rothaarigen Piraten nicht gefunden werden konnte, weil derlei Kleinteile in den Ritzen des alten Schiffbodens zu verschwinden pflegten. (Beim minutiösen Untersuchen des vollen Staubsaugersackes förderte ich regelmäßig gekrümmte Säbel, Ritterhelme und Blaulichter zutage, über deren Wiederauftauchen ich mich mindestens so freute wie die Kinder.)

Als die Legobegeisterung unseres Nachwuchses plötzlich etwas abzuebben und ich auf meinen Schachteln hinter den Pullovern sitzen zu bleiben drohte, behalf ich mir mit einem Notprogramm: Mein Mann bekam zum Vatertag die große Ritterburg, mir selbst schenkte ich zum Geburtstag den Zug mit dem neuen, ausgereiften Gleissystem.

Die kleinen Kinderhände der Ältesten sind groß geworden, die Zeit des Lego-Fiebers ist (leider) vorbei und mit ihr die Kindheit, die nicht wiederkommt. Aber die bunten Steine sind unversehrt. Derzeit liegen sie, sorgfältig verpackt, über dem Anbrennholz in der Abstellkammer und warten darauf, wieder einmal benützt zu werden.

Tipps:

- Gilt für alle Spiele: Entsorgen Sie, wenn Sie genügend Platz haben, keinesfalls die Originalverpackung, in der idealer Weise alle Bestandteile aufbewahrt werden sollten. Große Spielzeugkisten, in denen sich mit der Zeit unterschiedlichste Bausteine vermischen, hemmen die Freude am Aufbauen mehr als dass sie die Fantasie beflügeln.
- Heben Sie jedenfalls Spiel- bzw. Bauanleitungen auf. Viele Spiele machen mehreren Generationen Freude.
- Kleinere Kinder sind überfordert mit der Aufgabe, ihre Spielsachen selbständig und allein wegzuräumen. Sie brauchen dazu Ihre Hilfe.
- Die goldene Regel im Kinderzimmer: Ein neues Spiel wird erst herausgeräumt, wenn das benützte weggepackt ist.

Mithilfe

Es gibt Tage, die verlaufen ganz normal, es passiert nichts wirklich Aufregendes. Die Kinder streiten ein bisschen, und ich höre es gar nicht mehr richtig, weil es mir so vertraut ist, bin zufrieden und denke mir: So soll es immer bleiben.

Aber manchmal befällt mich ein ganz eigentümliches Gefühl: Da würde ich gerne mehr über die Psyche der Menschen wissen, insbesondere über die Seele pubertierender Jugendlicher.

Wenn ich beispielsweise vom Einkaufen zurückkomme, sehen meine großen Söhne, die allesamt kräftig und gut gewachsen sind, mir gelangweilt zu, wie ich eine Kiste Mineralwasser aus dem Auto hebe. Mit dem Ellbogen die Klinke hinunterdrücke, mit dem Knie die Tür aufstoße, mich über viele zwanglos im Vorhaus verstreute Schuhe zur Kellertreppe taste und Stiege für Stiege hinunterkeuche.

Ich weiß nicht, was sie sich denken, wenn sie ihren Vater Tag für Tag Schachteln mit Lebensmitteln schleppen sehen. Vielleicht denken sie: Eigentlich ist er noch gut drauf, unser Alter. Aber in Wirklichkeit tut mir das Kreuz weh und das rechte Knie auch.

Nun habe ich, müssen Sie wissen, von Kindesbeinen an einen leichten Hang zum Sadismus. Deshalb stelle ich manchmal die Kiste mit dem Mineralwasser auf die oberste Kellerstiege und warte, was passiert.

Benedikt kommt vom Fußballtraining zurück, will seine Sporttasche in den Keller tragen. Sieht die Kiste, die ihm den Weg versperrt, hält sich mit der linken Hand am Geländer fest, mit der rechten stützt er sich an der Mauer ab. Hüpft locker über das Hindernis und landet sicher auf der drittletzten Stufe.

Dann kommt Nikolaus, der ein bisschen in der Kraftstation im Keller seinen Bizeps trainieren will. Steigt auf die Kiste, stößt sich federnd von ihr ab und tänzelt entspannt die Stufen hinunter.

Zuletzt kommt Klemens. Er scheint müde und schlecht gelaunt zu sein. Sieht die Kiste, die ja wirklich saudumm da steht, tritt ärgerlich dagegen. Die Kiste droht über die erste Stufe hinunterzurutschen, er hält für Sekunden die Kiste in seinen Händen. Nur sieben Stufen wären es bis in den Keller, denke ich, nur sieben Stufen …Aber mein Fünftgeborener stellt sie wieder auf der obersten Stufe ab.

Viele, viele Mineralwasserkisten habe ich im Lauf der Jahre aus dem Auto gestemmt und an der Hausmauer abgestellt. Aber noch nie, wirklich nie, hat einer meiner kräftigen Knaben sich ein Herz genommen und die Kiste in den Keller getragen, von sich aus, ganz spontan.

Es kann darauf schneien, die Kiste bleibt, wo sie ist. Wenn meine Burschen eine Flasche benötigen, buddeln sie den Schnee weg und gehen mit der einen Flasche ins Haus.

Warum nur, liebe Psychologen, warum ist das so? Nicht jammern will ich mehr in Zukunft, nur begreifen. Begreifen!

Derzeit habe ich einen kleinen Versuch laufen. Nichts Aufregendes. Er betrifft nur das Entsorgen des Altpapiers, für das sich niemand von den Kindern zuständig fühlt.

Vielleicht, dachte ich, ist der Ort der Aufbewahrung (die Duschtasse im Badezimmer) zu entlegen. Also teilte ich das Altpapier gerecht in drei große Haufen, stopfte diese in drei gleich große Bananenschachteln und stellte sie vor die Türen unserer großen Söhne. Als – in meinen Augen – deutlichen Hinweis: Lieber Sohn, die Schachtel gehört zum Altpapiercontainer. Trag sie doch bitte beizeiten einmal hinaus.

Dann wartete ich. Zwei Wochen passierte nichts. Die Buben turnten lässig über die Hindernisse hinweg, verrückten sie nicht, fassten sie nicht an, nahmen sie nicht zur Kenntnis. Lediglich meiner Frau waren sie beim Staubsaugen ein bisschen im Weg.

Ich befürchtete bereits, die Burschen hätten nicht begriffen, warum das Altpapier vor ihrem Zimmer stünde. Da fand ich eines Abends auf Benedikts Stoß ein großes Blatt, auf dem klar leserlich in Blockbuchstaben stand: DAS EXPERIMENT.

Mein Verdacht, unser Zweitältester, Jusstudent im letzten Studienabschnitt, hätte den tieferen Sinn meiner Aktion nicht erfasst, hatte sich nicht nur als Irrtum herausgestellt. Er hatte bei meiner kleinen Fallstudie durchaus mitgedacht und aktiv mitgetan!

Inzwischen sind weitere drei Wochen vergangen. Dennoch kann ich nicht berichten, wie das Experiment ausgegangen ist. Die Schachteln mit Altpapier stehen weiterhin unverrückt vor den Bubenzimmern.

Tipps:

- **Geben Sie Ihrem Kind rechtzeitig feststehende, altersgemäße Aufgaben im Haushalt. Es freut sich über Ihr Lob und das Bewusstsein, zum Gelingen des Familienalltags etwas beizutragen.**

- Arbeitspläne können sinnvoll sein, aber nur dann, wenn sie von den Kindern beachtet und ihre Einhaltung von den Eltern konsequent eingefordert wird.
- Keine allzu häufigen Moralpredigten! Das elterliche Lamento perlt ergebnislos an den Ohren Jugendlicher ab. Dennoch: Machen Sie Ihrem Kind von Zeit zu Zeit bewusst, dass der Grad zwischen Gedankenlosigkeit und Lieblosigkeit ein schmaler ist.
- Vielleicht haben Sie Glück: Manche Kinder, Mädchen wie Buben, sind einfach hilfsbereit veranlagt, sogar ihren Eltern gegenüber. In unserer Familie sind sie allerdings hoffnungslos in der Minderheit.
- Sollten Sie ein probates Rezept wissen, wie man Kinder zu regelmäßiger Mithilfe im Haus anhalten kann, ohne dass diese murren und meutern, lassen Sie es uns bitte wissen.

Musik

Als ich 16 war, sangen die Beatles „I wanna hold your hand" und die Rolling Stones „Let´s spend the night together". Zwei Jahre später, 1968, war das Jahr, das alles verändern sollte: Die Jungen probten den Aufstand gegen die Alten, Kinder gegen ihre Eltern, Studenten gegen ihre Lehrer.

Mein Protest war recht bescheiden. Jeden Sonntag, am frühen Nachmittag, schlich ich in die Küche. Presste mein linkes Ohr an ein Transistorradio. Lauschte gebannt André Heller, der in Ö3 seine Musiksendung moderierte. Der schlechtesten Platte verlieh er eine Zitrone, der besten eine Orange.

Ich saß immer allein in der Küche, weil meine Geschwister die Phase ihrer Pubertät locker übersprangen oder lässig übersahen oder tapfer unterdrückten. Einerlei. Manchmal kam meine Mutter herein, die Mundwinkel schmerzverzerrt nach unten gezogen, die Lippen zu einem schmalen Strich gepresst.

Es war nicht zu übersehen: Sie schien sehr unter den rhythmischen Klängen zu leiden. Wortlos näherte sie sich dem Radio, drückte mit spitzem Finger auf die AUS-Taste. Dann ging sie hinaus und zischte dabei die immer gleichen Worte: „Dass du diese grässliche Musik überhaupt aushältst! Ich bekomme Kopfweh davon." Wenn ich einmal Kinder habe, schwor ich mir damals, werde ich anders sein: großzügig, liberal, verständnisvoll.

Als meine Söhne in das Alter kamen, in dem Musik das Wichtigste ist, schenkte ich ihnen zum Geburtstag die besten Oldies von den Kinks, The Who, den Beach Boys, den Bee Gees, Leonard Cohen.

Sie hörten sich eine Zeitlang alles brav an, sagten auch, dass ihnen manches gefiele (ich glaube, sie sagten es mir zuliebe), entwickelten aber zusehends ihren eigenen Geschmack.

So bevorzugte Dominik lange Zeit eine etwas alternative Musikszene. Seine Favorits waren damals: Crash-test-Dummies (mit dem viel sagenden Song „Mmmmh mmh mmh"), Pixies (eine Mischung aus Grunge, Rock und Indie) und Cranberries (größter Hit: „Zombie").

Diese Songs müssen, erklärte er mir einleuchtend, sehr laut gehört werden, „erst dann gehen sie richtig rein".

Auch die Namen jener Bands, die Benedikt seinerzeit favorisierte, sind nicht unoriginell: Der Junge mit der Gitarre, Massive Töne, Die Hinigen, Dakar & Grinser, Schönheitsfehler.

Manchen Refrain konnte ich bald auswendig. Etwa von Fanta 4, der geht so: „Die da, die da, die da, die da." Oder von den Pizza Boys: „Oh le le, oh la la."

Einmal kam ich gegen Abend nach Hause. Ich arbeitete mich durch eine mörderische Klangwolke aus Hardrock, Grunge und deutschem Schwachsinn vom Parterre in die Küche vor. Dort brüllte irgendjemand auf Englisch aus dem Radio und mein Drittgeborener trommelte im Takt dazu.

Wissen Sie, was ich zu ihm gesagt habe? Erraten! „Dass du diese grässliche Musik überhaupt aushältst! Ich bekomme Kopfweh davon." Und drückte wortlos auf die AUS-Taste.

Über die Jahre hin haben wir uns arrangiert. Jedes Jahr wählen wir nun einen familieninternen Sommerhit. Die meisten Punkte bekam einmal ein Titel von Helge Schneider, der rätselhafter Weise den Sprung in die Charts nicht geschafft hat. Da ich ihn gezählte 43 Mal gehört habe, kann ich die aussagekräftigsten Passagen immer noch auswendig: „Ich habe etwas Leckeres eingekauft. Es gibt REIS, es gibt REIS, es gibt REIS. Baby, Baby, Baby, Baby, es gibt Reis, dazu kannst du wählen eine Beilage, entweder kleine Möhrchen oder Erbsen. Nur komm zu mir nach Hause und dort schüttel dein Haar für mich. Little girl, schüttel dein Haar für mich. Na, na, na, dähäp, es gibt Reis. Oh Baby, Baby, es gibt Reis. Lecker, lecker, Baby, es gibt Reis…"

Auf meine dringende Bitte hin hat meine Frau damals lange Zeit keinen Reis gekocht. Und ihre Haare schüttelt sie auch nicht für mich. Danke, Baby!

Tipps:

- Über Geschmack lässt sich bekanntlich streiten. Kompromisse zwischen Eltern und Kindern sind schwierig und selten. Ein faires Angebot könnte lauten: Auf vier Stunden Lady Gaga und David Guetta eine Stunde Beethoven und Schubert.
- Dank der Erfindung des iPods brauchen Eltern keine Oropax mehr. Allerdings wird die Konversation mit dem Nachwuchs nahezu unmöglich.
- Achten Sie darauf, dass Ihr Kind sich nicht zu laut beschallen lässt – Tinnitus-Gefahr!

- Sollte Ihr Kind ein Instrument erlernen wollen, bedenken Sie bei der Auswahl die Wohngegebenheiten. Für ein Schlagzeug sollte der nächste Nachbar weit entfernt bzw. das Musikzimmer mit Eierbechern tapeziert sein.
- Erinnern Sie sich an Ihre Jugendzeit: Waren Sie nicht auch genervt, wenn Ihre Eltern die Augen verdreht haben, wenn Mick Jagger „Satisfaction" brüllte?

Namen

Nachdem meine Frau den ersten positiven Schwangerschaftstest einen Tag lang ausgiebig bestaunt hatte, machte sie sich umgehend Gedanken betreffs eines geeigneten Vornamens. Sie kaufte einige zum Teil voluminöse Bücher, legte lange Listen an und diese mir immer wieder vor, damit ich jene Namen, mit denen ich mich weniger anzufreunden vermochte, herausstreichen könne. (Ich erinnere mich an Amelie, Sixtus, Severin und Laetizia.)

Wir waren uns einig, dass unser erstes Kind keinen Modenamen tragen sollte – und einigten uns auf Dominik. Damals war nicht abzusehen, dass wir wenige Jahre später damit voll im Trend liegen würden …

Auf der Suche nach einem passenden Vornamen für unser achtes Kind durchforstete ich auch die Annalen unserer Vorfahren und stieß dabei auf Rochus. Erwartungsvoll brachte ich diesen älplerisch klingenden Bubennamen in die Familiendiskussion ein, allerdings mit geradezu durchschlagendem Misserfolg: Meine Kinder erkannten das Wort nicht einmal als Vornamen.

„Was ist das?“, fragten sie und warnten mich vor sicher auftretenden Spätfolgen: „Hast du schon einmal darüber nachgedacht, wie es einem in der Schule geht, wenn man Rochus heißt?“

Auch Anselm, der Vorschlag meiner Frau, stieß auf allgemeines Unverständnis. Mein zweitältester Sohn Benedikt, Fußballnarr und Sturmfan, plädierte für Kazimir, einen Namen, mit dem wiederum ich nicht gerechnet hatte. „Kazimir, wie der Sidorczuk, wär geil, weil wir noch keinen Goalie haben.“

Zur Erklärung: Alle meine sechs Buben spielen im Fußballverein, aber keiner im Tor. Trotzdem: Der polnische Legionär war unbestritten ein exzellenter Schlussmann, aber seine Strafraumherrschaft, wie mir damals schien, zeitlich doch begrenzt. Es war zu befürchten, dass sie bereits zu Ende sein würde, ehe unser kleiner Kazimir einen Ball fangen würde können.

Zuletzt hatte sich eine Art Favoritenkreis herauskristallisiert, aus dem zwei Namen wenige Tage vor dem Geburtstermin die besten Chancen eingeräumt wurden: Lukas und Leopold.

Unser Baby kam gesund zur Welt. Es war entzückend – und heißt Sophie.

Tipps:

- Bedenken Sie, dass Sie Ihrem Kind nichts Gutes tun, wenn es Sie es allzu originell taufen (Winnetou, Jesus Maria).
- Auch Namen derzeitiger Popgrößen (Justin, Rihanna) haben unter Umständen ein kurzfristiges Ablaufdatum.
- Vor- und Familiennamen sollten zusammenpassen und sich doch voneinander unterscheiden. Ich kenne einen Peter Peter, der mit seinem Namen nicht recht glücklich ist.
- Manche Namen aus dem Englischen oder Französischen haben den Nachteil, dass man die entsprechende Sprache einigermaßen beherrschen sollte, um sie richtig auszusprechen. Schakeline und Renne werden in Österreich vielfach bis zur Unkenntlichkeit verstümmelt.

Noten

Unlängst hörte ich einen sehr interessanten Vortrag zum Thema „Wie begleite ich mein Kind durch die Pubertät?". Der Referent, selbst Vater von vier Kindern, las am Ende den folgenden Brief vor:

„Liebe Eltern! Seit ich von zu Hause fort bin, war ich, was das Briefeschreiben angeht, sehr säumig. Ich will euch nun auf den neuesten Stand bringen. Also, es geht mir inzwischen wieder einigermaßen. Der Schädelbruch und die Gehirnerschütterung, die ich mir zugezogen hatte, als ich aus dem Fenster des Wohnheims gesprungen bin, nachdem dort ein Feuer ausgebrochen war, sind ziemlich ausgeheilt. Ich war nur zwei Wochen im Krankenhaus und kann schon fast wieder normal sehen und habe nur noch ein Mal am Tag diese wahnsinnigen Kopfschmerzen.

Glücklicherweise hat ein Tankwart das Feuer und meinen Sprung aus dem Fenster gesehen und die Feuerwehr und die Rettung angerufen. Er hat mich auch im Krankenhaus besucht – und da das Schülerheim abgebrannt war und ich nicht wusste, wo ich unterkommen sollte, hat er mir netterweise angeboten, bei ihm zu wohnen.

Er ist ein sehr netter Junge und wir lieben uns sehr und haben vor zu heiraten. Wir wissen noch nicht genau wann, aber es soll schnell gehen, damit man nicht sieht, dass ich schwanger bin.

Ich weiß, wie sehr ihr euch freut, bald Großeltern zu sein – und ich weiß, ihr werdet das Baby gern haben und ihm die gleiche Liebe zukommen lassen, die ihr mir als Kind gegeben habt.

Der Grund, warum wir nicht sofort heiraten, ist, dass mein Freund Aids hat. Im Moment geht es ihm nicht so gut, er ist im Krankenhaus. Leider habe auch ich mich angesteckt. Ich weiß, ihr werdet ihn dennoch mit offenen Armen in unserer Familie aufnehmen.

Jetzt, da ich euch das Neueste mitgeteilt habe, möchte ich euch sagen, dass es im Wohnheim nicht gebrannt hat, ich keine Gehirnerschütterung und keinen Schädelbruch hatte, ich nicht im Krankenhaus war, nicht schwanger bin, nicht verlobt bin, mich nicht angesteckt und auch keinen Freund habe.

Allerdings bekomme ich ein Nicht Genügend in Mathematik und Chemie, und ich möchte, dass ihr diese Noten in der richtigen Relation seht! Eure Sarah“

Tipps:

- Bei allem Ärger, den schlechte Schulnoten bedeuten können: Seien Sie dankbar, dass Ihr Kind gesund ist.
- Stärken Sie sein Selbstvertrauen und unterstützen Sie es mit Optimismus.
- Bei schulischen Misserfolgen: Erarbeiten Sie gemeinsam mit Ihrem Kind einen Arbeitsplan und sorgen Sie für dessen konsequente Einhaltung.
- In vielen Fällen ist eine Note nicht nachvollziehbar. Seien Sie an der Seite Ihres Kindes, wenn es sich über eine (vermeintlich) ungerechte Note kränkt.

ABSOLUT RICHTIG: ALLES IST RELATIV!
SCHULNACHRICHT
W.T.

Opernbesuch

Für mich war es die Wiederholung einer besonders lieben Kindheitserinnerung: „My fair Lady“ im Grazer Opernhaus. Vor vier Jahrzehnten hatte ich dieses Musical mit meinen Eltern und meinen jüngeren Schwestern gesehen, und zwar – und das machte den Theaterabend denkwürdig – in einer Loge.

Nun stand das Stück wieder einmal auf dem Spielplan, und ich organisierte flugs fünf Billets für einer Balkonloge. Als Anna skeptisch fragte, worum es in dem Musical eigentlich gehe, verwies ich auf den Mythos von Pygmalion, der ihr doch wohl aus dem Lateinunterricht bekannt sei.

Jakob freute sich zwar, eine seiner drei Krawatten ausführen zu können (die sonst nur anlässlich von Pokerabenden mit seinen großen Brüdern zu Ehren kommen), verweigerte aber anfänglich die schwarzen Lederschuhe, die ich aus unserem reichen Fundus herausgesucht hatte.

Er drohte, entweder mit seinen farblich perfekt zum Hemd passenden Kunstrasen-Fußballschuhen in die Oper gehen zu wollen oder eben gar nicht. Die gute Laune schien zu kippen, wurde aber durch die Präsentation des von mir eingekauften Proviants fürs Erste gerettet.

„Irgendwie kommt´s schon deppert, wenn wir mit einem Rucksack im Opernhaus einreiten“, gab Anna zu bedenken. „Schau´n wir also, was jeder unauffällig mitnehmen kann. Ich nehm´ die Keks und die getrockneten Bananen in meine Jackentasche. Wer von euch hat Platz für das Studentenfutter und die Schokonaps?

Und die Kokoschips müssen unbedingt auch mit. Antonia, nimm den blöden Operngucker aus deiner Handtasche, dann passen wenigstens die Gummibärlis hinein."

Endlich verließ meine kleine Schar das Haus. Meine großen Söhne und Gottfried blieben zu Hause, wo sie sich mit der Champions-League-Partie Manchester gegen Inter Mailand ein wenig trösteten.

Meine Töchter waren von der Aufführung durchaus angetan, während Jakob dem Geschehen auf der Bühne eher gelangweilt folgte.

Lediglich die Balletteinlage der Londoner Müllmänner, die mit ihren Kehrgerätschaften allerlei akrobatische Einlagen vollführten, schien ihn zu interessieren.

In der Pause rief Jakob mit leidender Stimme mit seinem Handy seinen Vater an, um sich über den Verlauf der ersten Spielhälfte zu informieren. Mein Mann konnte ihn aufgrund der Knabbergeräusche in unserer Familienloge nur sehr schwer verstehen: Jakob deutete im Flüsterton an, dass das Stück gewisse Längen habe (O-Ton: „Zuerst war´s schon cool, aber jetzt ist mir halt saufad").

Elizas skandalöse Aufforderung an das von ihr in Ascot favorisierte Rennpferd, es möge schneller laufen, widrigenfalls sie ihm Pfeffer in den ... streuen werde, bekam er nicht mehr mit.

Erst der Schlussapplaus vermochte Jakob aus seinen samtgepolsterten Träumen zu reißen.

Als der große Kronleuchter wieder hell wurde, rieb er sich die Augen, wusste sich blitzartig in Zeit und Raum zu orientieren und seine Interessen wahr zu nehmen: „So, da bin ich wieder. Habt ihr inzwischen alles aufgegessen oder gibt es wenigstens noch ein paar getrocknete Zwetschken?“

Tipps:

- Kindern sind gelegentliche Ausflüge in die Hochkultur durchaus zumutbar. Manche kommen dabei auf den Geschmack und entwickeln sich zu regelrechten Theaterfreaks.
- Die Kleideretikette ist heute weitaus zwangloser als noch vor wenigen Jahrzehnten. Turnschuhe und Sakkos sind längst kein No-Go mehr.
- Ein in Aussicht gestellter Snack in der Pause macht den Abend erträglicher.
- Wenn Kinder wissen, was sie erwartet, können sie dem Geschehen auf der Bühne leichter folgen. Nehmen Sie Opern- oder Schauspielführer zur Hand und informieren Sie sich und Ihre Kinder über die Handlung.
- Eine Diskussion über die Kritiken im Kulturteil der Tageszeitungen (rechtzeitig ausschneiden!) eröffnet neue Dimensionen der familiären Gesprächskultur.

Party

Knapp vor Allerheiligen hatte Anna (10) zum ersten Mal davon gesprochen, im Sommer eine Schulabschluss-Übernachtungsparty auf unserer kleinen Liegenschaft ausrichten zu wollen. Zuerst hatte sie vor, alle 26 Mitschüler/innen einzuladen. Schließlich einigten wir uns auf zehn.

Eine Woche vor dem Termin malte sie hübsche, bunte Einladungen. Der Dachboden über unserer Garage wurde als Schlaflager adaptiert, Luftballons aufgehängt und ganz viele Süßigkeiten eingelagert.

An die Nachbarinnen schrieb sie einen Brief, in dem sie um Verständnis bat. Sie bekam eine sehr freundliche Antwortkarte: „Liebe Anna! Wir freuen uns, dass du ein Fest veranstaltest, und wünschen euch viel Spaß. Wenn es lauter wird, mach dir keine Sorgen."

Und dann kam die muntere Schar. Mein herzhaftes „Grüß euch!" hatte ein bescheidenes Echo: ein zaghaftes „Hallo" – sonst nichts. (Übrigens: Die gleiche Erfahrung macht man auch als Lehrer in der Schule – Kindern muss das Grüßen erst beigebracht werden.)

Als Abendessen trugen wir neben Bergen von Chips, Popcorn und Obst dreierlei Arten von Toast auf: mit Schinken, Käse, Ananas; mit Schinken und Käse; nur mit Schinken. „Gibt´s kann nur mit Käs?" Die Frage kam direkt, ohne Umschweife.

Auch zum Frühstück (nach einer sehr kurzen Nachtruhe) gab es individuelle Bestellungen: „I mecht a frische Semmel mit ana

Wuascht!" Leider konnte ich den Wunsch nur zur Hälfte erfüllen, da es Sonntag war und wir kein frisches Gebäck im Haus hatten.

Heutzutage muss man den kleinen Herrschaften etwas bieten. Also hatte ich zuerst daran gedacht, einen Zauberer oder Zirkusclown zu engagieren, verwarf diese Idee aber wieder und entschied mich für ein Pfarrfest auf einem wunderschönen Aussichtsberg,

Die Messe unter freiem Himmel war sehr eindrucksvoll, eine Blasmusikkapelle musizierte vor einem Waldstück, Böllerschüsse donnerten anstelle der Glocke. Einige Kinder hatten freilich wenig übrig für die malerische Kulisse: „Wann isn aus? I mog wos trinken …"

Gott sei Dank gab es später genug zu trinken, und auch viele Spiele waren vorbereitet: Sackhüpfen, Seilziehen, Frisbeescheiben, Federball… Nur das Wichtigste fehlte: ein Animateur.

Und da auch ich keine Lust hatte, diesen fortwährend abzugeben, saßen die lieben Kleinen im Gras und taten nichts. Ein Mädchen sprach trocken aus, was sich wohl die meisten dachten: „Da ist es so fad. Wann fahren wir endlich?"

Bei uns zu Hause spielten sie noch ein bisschen Ball im Garten. Ich blickte immer öfter auf meine Uhr: Wann kommen die Eltern?

Endlich kamen sie. Und die Kinder gingen, ohne zu grüßen oder zu danken, nahezu ausnahmslos.

Am Abend fragte ich Anna, wie ihr die Party gefallen habe. Ihr knappes Resümee: „Na ja."

Tipps:

- Für Gastgeber: Lassen Sie sich nur erholt und ausgeruht auf das Abenteuer Übernachtungsparty ein.
- Seien Sie durchgehend anwesend.
- Schrauben Sie Ihre Erwartungshaltung bezüglich Dankbarkeit extrem herunter.
- Lassen Sie sich nicht in die Rolle des Animateurs drängen.
- Für Eltern eingeladener Kinder: Erinnern Sie Ihr Kind daran, dass es die Gastgeber freut, wenn sie gegrüßt werden bzw. wenn ihnen gedankt wird.
- Wenn Sie eine kleine Aufmerksamkeit mitgeben möchten, dann nicht unbedingt an das einladende Kind, sondern eher an die einladenden Eltern.
- Holen Sie Ihr Kind zur vereinbarten Zeit ab. Sobald Sie selbst Gastgeber sind, werden Sie wissen warum.

Quaterlife-Crisis

Seit ich die Mitte meines Lebens überschritten habe, entdecke ich Eigenschaften an mir, die mir bisher nicht aufgefallen sind. Es sind, das muss leider festgehalten werden, keine wirklich sympathischen Eigenschaften: Groll, Besserwisserei, Neid.

So stört mich beispielsweise das ausgeprägte Schlafbedürfnis meiner volljährigen Söhne (und vor allem dessen Erfüllung). Ist es nicht merkwürdig: Kleine Kinder kriegt man nicht ins Bett hinein, große nur schwer heraus.

Gut, wenn sie am Samstag bis drei Uhr früh „abchillen", erwartet sich keiner, dass sie Sonntags um acht lustig aus den federn springen. Aber müssen sie wirklich im Tiefschlaf zum Mittagessen taumeln?

An Schultagen dauert, auch wenn um jede Minute buchstäblich gerungen wird, die Nachtruhe viel zu kurz. Die fehlenden Minuten werden dann am Nachmittag nachgeholt. (Bevorzugte Einschlaflektüre: ein Vokabelheft, das Physikskriptum oder das Allgemeine Bürgerliche Gesetzbuch.)

Warum brauchen heute Jugendliche so viel Schlaf? Ich weiß es nicht. Einmal saß ich in einem Café und sah vom Fenster aus zwei junge Männer aus einem Cabrio mit sehr breiten Reifen steigen. Beide gut aussehend, gebräunt, Sonnenbrillen im Haar, modische Anzüge.

Sie betraten cool das Lokal, ließen sich müde auf die Ledercouch fallen. Der eine erzählte dem anderen vom vergangenen Wochenende: Tennismatch und Festerl danach.

„Und, wie war´s?" – „Öd." Dann tauschten sie sich detailverliebt über ihre unterschiedlichen Gebrechen aus. Der eine wurde von unerwartet auftretenden nächtlichen Wadenkrämpfen geplagt, der andere hatte Durchschlafprobleme.

„Ich find´ überhaupt alles so sinnlos", sagte plötzlich der eine und rückte seine Designerkrawatte ein bisschen zurecht.

Irgendwo habe ich gelesen, dass jung und desillusioniert zu sein, einem Trend entspricht, der vor allem wohlstandsverwöhnte Großstadtkinder erfasst.

Wen mit 25 nicht die erste handfeste Lebenskrise geschüttelt hat, der liegt völlig neben dem Zeitgeist. In Amerika nennen sie dieses Problem „Quaterlife-Crisis".

So heißt das Standardwerk zur Massenpsychose, geschrieben von zwei blutjungen Journalistinnen, die genau wie alle ihre Freunde an der Twen-Depression leiden.

Das Problem der Betroffenen ist, dass sie keines haben; jedenfalls keines, das groß genug wäre, ihre grenzenlose Melancholie zu rechtfertigen.

Dagegen war die Mitlife-Crisis meiner Generation harmlos. Sie konnte mit radikalen Neuanfängen gelöst werden: neue Ehe, neues Land, neuer Job.

Für die Jüngeren gibt es diesen Ausweg nicht: Sie haben mehr Fernreisen gemacht, mehr Beziehungen gehabt, öfter den Job und die Stadt gewechselt als ihre Väter mit 50.

Aber sie sind nicht glücklich dabei. Das beweisen die überfüllten Praxen jener Psychologen, die sich darauf spezialisiert haben, den Youngsters Nachhilfe in Lebensfreude zu geben.

So gesehen geht es mir derzeit mit meinen Kindern wirklich gut. Sie sind, wie ich glaube, unbeschwert, ausgeglichen, optimistisch, fröhlich. Und Durchschlafprobleme haben sie auch nicht.

Tipps:

- Vermeiden Sie, auch wenn es Ihnen schwer fällt, den Elternklassiker zu bemühen: Du weißt ja gar nicht, wie gut es dir geht. Heutige Jugendliche sind in eine Zeit des Überflusses hineingeboren und können mit den Erzählungen von den Entbehrungen früherer Generationen nichts anfangen.
- Nachdem der arme Waldbauernbub Peter Rosegger als erfolgreicher Autor zu Wohlstand gekommen war, formulierte er einmal: „Wie war ich reich, als ich arm war." Auch für Jugendliche von heute gilt: Wer alles hat, ist noch lange nicht glücklich.
- Wichtiger als materielle Dinge sind Zuwendung und Anteilnahme. Bleiben Sie in emotionalem Kontakt mit Ihrem heranwachsenden Kind.
- Wer sonst als die Eltern sollte wissen, wie es in der Seele eines jungen Menschen aussieht.

Rituale

Der Alltag ist der wichtigste Lernort für Kinder, Rituale unverzichtbare Bausteine schöner Erinnerungen. Immer wiederkehrende Fixpunkte im täglichen Miteinander von Eltern und Kindern tragen zur emotionalen Sicherheit bei.

Die Harmonie zuhause ist eine innere Tür ins Leben. Feste und Feiern sind in unserer Familie besondere Höhepunkte des Jahreskreises.

Zum Beispiel die Osterjause: Um den festlich gedeckten Tisch sitzen alle Familienmitglieder, es gibt immer die selben Speisen – Pinzen, harte Eier, Osterkrainer, Schinken, Radieschen, Senf und Kren, der so scharf ist, dass er das Wasser in kleinen Tränen aus den Augen tropfen lässt.

Augenblicke eines Festes bleiben im Gedächtnis. Sie sind Leuchttürme, die die Erinnerung an die Kindheit erhellen. Der abendliche Spaziergang am Karsamstag ist immer noch präsent – wie meine Geschwister und ich mit den Eltern die Osterfeuer zählten, die von Hang und Hügel herübergrüßten, in Wiesen und Gärten. So hell schienen die Feuer, dass rundum alles verblasste und versank.

Ostern ist – wie Weihnachten – auch heute noch ein Fest der Familie. Die Kette froher Momente schafft eine Tradition, die Orientierung vermittelt und Sicherheit gibt, dass das Leben gelingen kann.

Tipps:

- Führen Sie individuelle Rituale für Ihre Familie ein, die sich an den Abläufen des Alltags orientieren: Mahlzeiten, Zu-Bett-Gehen, Gestaltung des Wochenendes, Geburtstage.
- Kinder brauchen einen geregelten Tagesablauf. Schon ganz Kleine verstehen, dass es ans Schlafengehen geht, wenn Mama ein bestimmtes Lied vorsingt oder Papa eine Geschichte vorliest.
- Auch Schulkinder sind meist damit überfordert, ihre unterrichtsfreie Zeit selbst zu gestalten. Fixe Zeiten für die Erledigung häuslicher Pflichten sind von Vorteil.
- Bei Oma und Opa gelten oft ganz andere Regeln und Rituale. Kinder lernen schnell zu unterscheiden, was sie wo dürfen. Dass Zusammensein mit den Großeltern ist eine unschätzbare Bereicherung für das Leben der Kinder.

Schlafen

Ich bewundere (und beneide) Eltern, deren Kleinkinder gut und fest durchschlafen, mitunter sogar in ihren eigenen Betten. Auch wenn Astrid und ich uns nach jeder Geburt vorgenommen hatten, es diesmal ganz anders zu machen, blieb der durchschlagende Erfolg aus. Unsere Kinder bescherten uns viele Jahre ein turbulentes und anstrengendes Nachtleben mit vielen ungeahnten Fassetten.

Allein die Babyzeit unseres Erstgeborenen bedeutete einen frühen Höhepunkt. Vom Ende einer ausgiebigen Stillzeit bis zum vierten Lebensjahr überkam ihn täglich zwischen zwei und drei Uhr Früh der heftige Wunsch nach seinem Flascherl. Daran gibt es nichts auszusetzen – Babies sollen viel trinken! Erschwerend kam freilich der Umstand hinzu, dass unser Ältester ganz genaue Vorstellungen hatte, welcher Schnuller wann zu welchem Behältnis genommen werden musste.

Eine Zeit lang führte ich eine Tabelle, in der ich die Daten vermerkte, doch kam ich davon wieder ab, da sich kein in sich schlüssiges System ableiten ließ.

Bei unserem siebenten Kind stellte sich bald heraus, dass die Natur es als Nachtmenschen programmiert hatte. Jakob wollte nicht schlafen. Herkömmliche Methoden waren genauso erfolglos wie ausgefallenere: Wir schleppten den Kinderwagen ins Haus und drehten einsame Runden, wippten beherzt im Schaukelstuhl oder trugen ihn stundenlang im Arm.

Einmal fuhr ich mit ihm im Auto bis Frohnleiten, ehe er einnickte. Als er beim nächsten Mal noch in Bruck hellwach in seinem Kindersitz saß, wurde mir bewusst, dass diese Art des „Einheians" auf Dauer zu aufwändig sein würde.

Seit einem Jahr scheint Sophie, Jakobs kleine Schwester, alles daranzusetzen, seine Nachfolge anzutreten. Sie terrorisierte meine Frau monatelang in unserem Ehebett, indem sie ihr lautstark zu erkennen gab, dass sie nur auf der linken Seite zu liegen habe.

Auch ich wagte lange Zeit nur ganz zaghafte Positionsveränderungen. Vor kurzem aber ist eine überraschende Entwicklung eingetreten: Sie will nicht mehr im Elternbett übernachten, sondern in ihrer eigenen Wiege, noch dazu ganz allein! Seither kann ich mich des Verdachtes nicht erwehren, dass ihre Eltern es waren, die ihre Nachtruhe behinderten. Nicht vorsätzlich, sondern aus lauter Liebe.

Tipps:

- **Klären Sie als Eltern gemeinsam die entscheidende Frage: Kind im Bett oder nicht?**
- **In der Stillzeit bewährt sich die Variante „Kind im Bett" für die Mutter, weil sie ihre Nachtruhe kaum unterbrechen muss, um das Baby zufrieden zu stellen.**
  Im optimalen Fall schlafen beide nach wenigen Minuten wieder tief und fest – und der Papa hat gar nichts gemerkt!
- **Manchmal schlafen Kleinkinder bei den Großeltern oder anderen mitleidsvollen Verwandten viel besser. Nützen Sie**

ein solches Angebot, wenn Sie eines bekommen, und regenerieren Sie sich.

- **Im Leben gleicht sich früher oder später vieles aus – Sie werden sich wundern, wie gerne und ausgiebig Pubertierende schlafen!**

Spielsachen

Die ersten Spielsachen, die in unser Haus kamen, waren ein rotgepunkteter Plastikball und ein Sandspielset, bestehend aus einem Kübel, einem Sieb, einer Schaufel und einem Mini-Rechen. Über viele Jahre waren die Sandspielsachen Fixpunkte im österlichen Wunderland.

Auch als die Kinder schon größer geworden und aus dem Spielplatzalter herausgewachsen waren, kaufte Astrid die bunten Plastik-Klassiker – wahrscheinlich aus nostalgischen Motiven. (Heute verwende wirklich nur noch ich Küberl und Schauferl zum Salzstreuen im Winter.)

Bald bauten die großen Buben täglich Burgen aus Duplo und mannshohe Türme, die beim kleinsten Luftzug umstürzten. An der elektrisch betriebenen Eisenbahn hatte vor allem ich Freude.

Dann kam die große Zeit der Legobausteine, die sich unsere Söhne zu allen Anlässen wünschten. Sie rissen mit nervösen Fingern die Packungen auf und stellten mit fiebrigen Augen Festungen, Soldatenforts, Verliese, Piratenschiffe und vieles mehr her.

Von nun an war es nicht ungefährlich, ohne festes Schuhwerk in das Kinderzimmer zu gehen. Immer öfter bohrten sich gekrümmte Säbel, kugelige Blaulichter oder spitze Armbrüste in meine Fußballen.

Irgendwann stapelten sich so viele Schachteln, dass Astrid und ich beschlossen, die unverrottbaren bunten Steine aushäusig zu lagern. Wir stellten eine Gartenhütte auf, die die Kinder „Legohaus" nannten.

In die Lego-Phase brachen unvermutet die Pokémons ein. Diese grässlichen Phantasietiere aus Japan sind mir bis heute ein Rätsel. Pokémons gab es als Sammelkarten, als hässliche „Kuscheltiere" und in einer Fernsehserie, die unsere Kinder nicht sehen durften.

Gott sei Dank währte die Zeit der Plastikmonster nur kurz. Sie wurden abgelöst von den Magic-Karten. Die teuersten und wertvollsten waren die glitzernden – die kosteten viel Taschengeld.

Eine rein weibliche Domäne blieb das Sammeln von Diddl-Produkten: Stoffmäuse, Radiergummis, Hefte, Blöcke, Briefpapier, Stifte – alles mit dem Konterfei des lustigen Nagetiers.

Die rührenden Versuche wohlmeinender Verwandter, mit Holz-Zügen dem grauenvollen Plastik-Müll, der sich im Lauf der Jahre angehäuft hatte, zu trotzen, verpufften kläglich.

Die wichtigste Regel der Spielzeughersteller heißt offensichtlich: Alles muss hässlich sein! Wenn ein Spielzeug erfolgreich sein möchte, muss es sich irgendwie klebrig und schleimig anfühlen, jedenfalls aber muss es aus Plastik sein und die Verpackung so gut verschweißt, dass kleine Kinderhände sie gar nicht aufkriegen.

Einmal bekamen Jakob und Sophie vom Osterhasen je ein kleines ferngesteuertes Flugzeug (im preisgünstigen Aktionsangebot) geschenkt. Der Hersteller setzt die Garantiezeit mit zwei Jahren, wie ich meine, äußerst großzügig fest. Im Falle unserer Flieger leider nur noch eine formale Angelegenheit.

Das eine Fluggerät zerschellte bereits am zweiten Tag nach einem spektakulären Sinkflug auf der Straße, das andere verfing sich im dichten Geäst einer Buche. Seither sehnen unsere beiden Kleinsten einen kräftigen Wind herbei, der das Flugzeug aus den Blättern befreit und zu Boden gleiten lässt. Erst dann kann festgestellt werden, ob es noch flugtauglich ist. Sophie und Jakob haben die Hoffnung noch nicht aufgegeben. Ich schon.

Tipps:

- **Sprechen Sie sich mit Großeltern und anderen Verwandten ab. Als Mutter oder Vater geben Sie die Linie vor. Erklären Sie, warum Sie bestimmte Spielsachen ablehnen und andere befürworten.**
- **Lieber ein Geschenk weniger kaufen, dafür aber öfter mit dem Kind spielen.**
- **Je mehr Kinder bekommen, desto weniger können Sie sich freuen.**
- **Das schönste Spielzeug ist das, das sich Kinder aus Dingen selbst basteln, die sie in Garten und Wald finden.**
- **Üben Sie von Anfang an mit Ihrem Kind das Wegräumen seiner Spielsachen. Wenn Sie hier erfolgreich sind, bleibt Ihnen und Ihrem Kind viel Ärger erspart.**

Streiten

Neulich waren unsere drei Jüngsten bei einer Freundin meiner Frau eingeladen. Sie sind gerne dort, da ihre drei Kinder im gleichen Alter sind wie sie. Meistens kommt es zu harmonischen Paarbildungen, man bleibt altersmäßig unter sich. Hin und wieder aber lösen sich die Formationen auf, es entsteht ein ungleiches Kräfteverhältnis – einer gegen zwei zum Beispiel – und das tut selten gut.

Es gab diesmal, wie Sophie beim Nachhausekommen berichtete, einen aufregenden Zwischenfall. Wie es dazu gekommen war, ließ sich nicht einwandfrei klären. Jakob und sein Freund Georg hantierten mit selbst geschnitzten Holzschwertern. Offensichtlich stand ein Zielwerfen auf dem Programm. Mein Sohn zählte zehn Schritte weg von einer dicken Tanne. Als er sich umdrehte und sein Schwert wie einen Tomahawk in der Luft wirbelte, schob sich seine kleine Schwester plötzlich vor sein Ziel. Warum sie das tat? Sie wollte auch ein Schwert werfen.

Nun lässt sich ein richtiger Kämpfer durch den Störversuch eines lästigen Mädchens nicht abhalten von seinem Tun. In scharfem Ton rief Ritter Jakob Fräulein Sophie zu: „Gib den Baum frei!"

Das kleine Fräulein dachte nicht daran, schloss ein wenig gelangweilt die Augen und lehnte sich lässig gegen den Baumstamm. Kann sich ein Ritter eine solche Provokation gefallen lassen? Jakob konnte nicht, zielte mit dem Holzschwert nach dem Baum – und traf seine Schwester auf dem Kopf. Aus einer klaffenden Wunde floss Blut.

Weinend lief meine jüngste Tochter zur Gastgeberin. „Was hat sie denn gemacht?", wollte ich wissen, in der Annahme, die Bekannte, eine erfahrene Kinderkrankenschwester, habe ihr einen Eisbeutel auf- und nach Abklingen der Schwellung einen Druckverband angelegt. „Sie hat mir ein gelbes Marzipanei gegeben", antwortete Sophie, „dann war´s gut."

Ich sah meinen Sohn streng an: „Jakob, weißt du, was da alles hätte passieren können?" Winzig stand der vor ein paar Stunden noch so trotzige Ritter da und kämpfte mit den Tränen.

Ich wollte eben zu einer in solchen Fällen wohl üblichen Moralpredigt ansetzen, da kam ihm seine kleine Schwester, von Mitleid gepackt, zu Hilfe: „Nicht schimpfen, Papa, er hat´s nicht absichtlich gemacht."

Vor dem Schlafengehen bauten die beiden eine Ritterburg: Schleppten Pölster und Decken herbei, die sie über das Stockbett hängten.

Sophie holte ihre vielen, vielen Stoffhasen, Jakob seine vielen, vielen Bärlis. Unsere Tochter nahm aus dem Eiskasten eine Karotte, fütterte ihre Tiere damit und brachte ein Petersilienbüschel für Jakobs Bärenfamilie.

Als sie friedlich, Seite an Seite, einschliefen, dachte ich: Warum können Kinder so schnell vergessen und verzeihen – und wir Erwachsenen tun uns so schwer damit?

Tipps:

- Überlegen Sie gut, wann Sie sich in einen Streit unter Ihren Kindern einmischen. In den meisten Fällen ist die „Schuldfrage“ nicht zu klären.
- Greifen Sie nur ein, wenn tatsächlich Gefahr im Verzug ist.
- Ihre Parteinahme wird von den beteiligten Kindern meistens als ungerecht empfunden.
- Vertrauen Sie darauf, dass Kinder sich nach einer Auseinandersetzung üblicherweise sehr schnell wieder vertragen.

Tätowierung

Vor einigen Tagen fuhr ich mit dem Rad hinter einem Mädchen her, das zwischen Hosenbund und Jacke einen Streifen nackte Haut zeigte, mindestens zwei Hände breit. Das arme Geschöpf, es muss frieren, dachte ich und erinnerte mich an einen Freund meiner Familie, von Beruf Allgemeinmediziner. Lange noch vor dem Siegeszug der bauchfreien Mode meinte der Arzt beim Anblick entblößter Hintern lakonisch: „Die wird noch ihre Nieren spüren."

Ich nehme an, dass die Unbekannte vor mir sich um ihre Nieren keine Gedanken machte. Wichtig war ihr offensichtlich, dass ein Teil ihres Rückens zu sehen war und die darauf applizierte Tätowierung. Sie sah aus wie geschwungene Flügel oder wie ein Geweih größerer Huftiere.

Zu Hause fragte ich Nikolaus, der ohne nachzudenken sagte: „Das ist ein Arschgeweih." Sophie, die Allgemeinbildung des großen Bruders bewundernd: „Der Niki ist geil."

Ich bitte diesen vulgären Ausdruck meines Sohnes zu entschuldigen. Aber der Begriff existiert tatsächlich, und folgende Definition: „ Als A ... geweih wird der tätowierte Rückenbereich kurz oberhalb des Steißbeins bezeichnet."

So erfahre ich, dass in Berlin eine „Miss A ...geweih" gekürt worden ist. Allerdings formieren sich bereits Gegenbewegungen unter dem Motto „Keine Macht dem A...geweih."

Nun gab es in den letzten Jahrzehnten große Anstrengungen, die traditionellen Rollenmodelle aufzubrechen: Buben sollten auch mit Puppen spielen und Mädchen mit Eisenbahnen. Aber so einfach ist das doch wieder nicht. Denn es kommen neue Rollenfixierungen dazu. So ist das Tragen von A...geweihen nahezu ausschließlich Frauensache. Solche Geweihe haben, nach meiner zugegebenermaßen oberflächlicher Beobachtung, zweierlei Funktionen: eine schmückende und eine sexuell anregende.

Wenn Sie mir diese Geschichte nicht glauben, schauen Sie ins Internet. Dort können Sie unter vielen anderen die A ... geweihe von Sabrina, Sabine, Sandra, Saskia, Sandy, Sylvie, Simmi, Simone, Susi und Susann bewundern, allerdings keines von einer Sophie. Irgendwie bin ich zuversichtlich, dass der Spuk vorüber ist, bis meine kleine Tochter ins geweihfähige Alter kommt.

Tipps:

- **Sollen Sie Ihrem Kind verbieten, sich tätowieren zu lassen? Wenn Sie dagegen sind: Ja, unbedingt. Sie haben das Recht, Ihrem Kind bis zur Vollendung seines 18. Lebensjahres eine Tätowierung zu verbieten.**
- **Versuchen Sie Ihrem Kind klar zu machen, dass jegliche Art von Körperdekoration in manchen Berufen unerwünscht und ein Anstellungshindernis darstellt.**
- **Versuchen Sie einen Kompromiss zu erzielen: Sie dürfen bei der Auswahl des Motivs, der Größe und der Körperstelle Ihre Argumente einbringen.**

Uhren

In nahezu jedem Zimmer unseres Hauses hängt eine Uhr an der Wand. Die Uhren an neuralgischen Punkten (Badezimmer, Vorhaus) stelle ich während des Schuljahres einige Minuten vor, damit unsere Kinder in der Früh weniger trödeln – eine Maßnahme mit überschaubarem Erfolg.

In der Adventzeit hängt über dem Telefonkastl eine Uhr, die zu jeder vollen Stunde ein anderes Weihnachtslied spielt. So weckt mich in diesen Tagen um fünf Uhr „Es wird scho glei dumpa". Unsere großen Kinder müssen von ihren samstäglichen Stadttouren bis längstens „Es ist ein Ros´ entsprungen" daheim sein. Seit der Jahrtausendwende klemmt das Spielwerk leider bei „Hiaz´ is´ der raue Winter da".

Zwischen Ostern und Pfingsten ist auf demselben Nagel eine Uhr befestigt, die jede Stunde eine andere Vogelstimme abspielt. Schon Sophie war seinerzeit auf diese Symbolik konditioniert und wusste, dass sie im Kindergarten den Sesselkreis versäumte, wenn sie nicht spätestens beim Ruf des Rotkehlchens aus dem Haus ging. Abends musste sie beim Lied der Rohrdommel im Bett liegen.

Einige unserer Kinder besitzen Armbanduhren, tragen sie aber nicht. Wenn sie wirklich wissen wollen, wie spät es ist, schauen sie auf ihr Handy.

Früher einmal waren Uhren etwas Wertvolles. Ich z.B. bekam meine erste Armbanduhr zur Erstkommunion. Ich hielt sie in Ehren, bis sie nach der Matura ihren Geist aufgab und von unserem Uhrmacher nicht mehr repariert werden konnte.

Heute gibt es auch Uhren zu Diskontpreisen, und sie können viel mehr, als nur die Zeit anzuzeigen. Vielfach sind sie zu einer billigen Massenware herabgesunken. Umso wertvoller ist die Zeit geworden. In der Hektik unseres Alltags wird schon Kindern bewusst, dass wir nicht unendlich viel davon haben.

Als neulich die Gmundner Streublümchenwanduhr im Speiszimmer – ein Hochzeitsgeschenk, das immerhin schon mehr als ein Vierteljahrhundert klaglos funktioniert -, stehen geblieben war, sagte Nikolaus versonnen: „Also ich liebe es, wenn Uhren stehen bleiben. Ich nehme oft die Batterie aus der Pendeluhr über meinem Bett und stelle mir vor, dass auch die Zeit stehen bleibt."

Und sein kleiner Bruder Jakob ergänzt: „Ich möchte einmal so viel Zeit haben, dass mir langweilig ist. Dann würde ich mich aufs Bett legen und wirklich gar nichts tun."

Ein bisschen haben wir heute den Bezug zum Begriff der Zeit verloren. Wir messen sportliche Leistungen in Hundertstelsekunden, verdrängen aber den natürlichen Kreislauf des Lebens. Wir nehmen die Jahreszeiten nicht zur Kenntnis, kaufen Erdbeeren im Jänner und essen Spekulatius im August.

Und wir wollen nicht wahrhaben, dass auch wir ein Ablaufdatum haben, dem wir trotz gesunder Lebensweise nicht davonjoggen können.

Tipps:

- Vielleicht hilft auch Ihnen das folgende Bibelzitat (Prediger 3), in der Hektik des Alltags das Wesentliche nicht aus dem Blick zu verlieren: „Alles hat seine Zeit und jegliches Vornehmen unter dem Himmel seine Stunde. Geborenwerden hat seine Zeit, und Sterben hat seine Zeit; Pflanzen hat seine Zeit, und Ernten hat seine Zeit. Weinen hat seine Zeit, und Lachen hat seine Zeit; Schweigen hat seine Zeit, und Reden hat seine Zeit. Gott hat alles schön gemacht zu seiner Zeit, auch die Ewigkeit hat er dem Menschen in sein Herz gelegt, da er sonst das Werk, welches Gott getan hat, nicht vom Anfang bis zum Ende herausfinden könnte."

Urlaub

Ich weiß heute noch nicht, ob meine Mutter damals den Satz ernst gemeint hat, als ich mich, meine acht Kinder auf ihren Sitzen festgeschnallt, den Bus bis zur Belastungsgrenze (oder darüber hinaus) beladen in den Urlaub verabschiedet habe: „Und erholt euch recht gut!" Mein Lächeln war eher sauer als milde.

So sehr ich mich auch jedes Jahr auf die Ferienzeit freue, erholen kann man sich mit Kindern, von denen sich nur wenige leidlich über Wasser halten können, in der hellen Sonne an südlichen Stränden nun wirklich nicht. Aber wenn man das weiß, wird der Urlaub schön.

Ohne ein paar Tricks allerdings geht es nicht. Ich zum Beispiel nehme keine Bücher mehr mit. Seitdem muss ich mich nicht mehr darüber ärgern, dass ich nicht zum Lesen komme.

Seit dem letzten Sommer verzichte ich auch nicht ungern auf meinen Tennisschläger. Der Versuch, mit meinem Zeltnachbarn, einem durchtrainierten Mittvierziger aus Hamburg, eine Stunde Tennis zu spielen, scheiterte an der Unkenntnis meiner beiden damals Jüngsten, das Regelwerk betreffend. Als Ballbuben liefen sie wie um ihr Leben, denn jeder wollte möglichst oft dem Papa einen Ball zuwerfen.

Überflüssig zu erwähnen, dass kleine Raufhändel nicht ausblieben. Während mein Partner anfangs noch erheitert schien, versteinerte sich seine Miene im Verlauf des Spieles zusehends. Fluchtartig verließ er am Ende den Platz, auf dem ich mich für den Rest des Urlaubs nicht mehr blicken ließ.

Endlich habe ich nun uneingeschränkt Zeit für meine Kinder. Ich blase Schwimmflügerln, Wasserbälle und Luftmatratzen auf, baue Sandburgen, spiele Fuß-, Volley-, Federball, schleppe Pizzen, Säfte und Gelati an den Strand und bin vor allem – in Permanenz – Bademeister, der mit Argusaugen darüber wacht, dass seine Kinder immer das rettende Ufer erreichen.

Da nahezu alle dieser Tätigkeiten im Stehen leichter auszuführen sind als im Sitzen, weiß ich heute schon, worauf ich im nächsten Urlaub verzichten kann: auf meinen Liegestuhl!

Tipps:

- Ihre Kinder sind nur wenige Jahre rund um die Uhr betreuungsbedürftig.
- Halten Sie sich vor Augen, wie bald schon kein Kind mehr mitfahren wird wollen.
- In den Urlaubstagen können Sie die Gelegenheit nutzen, so ausgiebig mit ihren Kindern zusammen zu sein, wie Sie es sich vielleicht über das ganze Jahr hin vornehmen. Genießen Sie diese Tage!
- Wenn irgendwie möglich: Geben Sie Ihre Kinder für eine Woche im Jahr in vertrauenswürdige Hände und gönnen Sie sich wirklich unbeschwerte Tage mit Ihrem Partner/ Ihrer Partnerin – mit vielen Büchern, einsamen Spaziergängen, romantischen Dinnern (und jeder Menge Telefonaten nach Hause)!

Verlieren

Im Fußball kann ich gegen keinen meiner Söhne mehr gewinnen. Meine letzten Erfolge liegen weit zurück, aber leicht war es gegen meinen 6jährigen Sohn damals auch nicht.

Ich zog ihm seine winzigen Schienbeinschützer an, dann seine Kickschuhe Größe 29 (er war für sein Alter sehr zierlich), dann seinen Lieblingsdress, das Italien-Trikot von Totti mit der Nummer 10.

Sie sehen schon, er nahm die Partie gegen seinen Vater sehr ernst. Ich hingegen sah die Sache lockerer, trat oft in meinen lammfellgefütterten Hauspatschen an. Was zur Folge hatte, dass meine Schüsse nicht wirklich platziert ausfielen und kurze Sprints oft mühsam waren. Ein Spiel ging bis zehn Tore, offiziell. Aber es dauerte immer länger, weil zwei Tore Unterschied sein mussten.

Meistens gewann Jakob dann in einer Art Marathonnachspiel 26:24.

Nun geben die nackten Zahlen keineswegs die Dramatik des Spielverlaufs wieder. Meine Rolle im Match der Generationen war ungleich schwieriger als die meines Sohnes: Ich musste so spielen, dass ich am Ende verliere – allerdings erst nach hartem Kampf.

Wenn ich einmal ein Spiel bereits mit 8:10 verlieren wollte, weil ich nur wenig Zeit hatte und einen lockeren Schuss (allzu offensichtlich) durchließ, ermahnte mich Jakob: „Papa, spiel ordentlich!"

Er ließ dann gerne einen harmlosen Ball von mir ins Netz kollern, um mir zu beweisen: Auf deine Geschenke bin ich nicht angewiesen!

Manchmal zweifelte ich daran, ob es pädagogisch sinnvoll war, meinen kleinen Sohn stets gewinnen zu lassen. Ich musste an meinen Freund Manfred denken, der mir einmal glaubhaft versichert hatte, er habe seine Kinder niemals gewinnen lassen, nicht einmal bei „Schwarzer Peter". Schließlich gebe es, wenn sie einmal groß seien, auch keine Geschenke mehr, sagte er.

Da hat mein Freund schon recht, dachte ich, andererseits glaubte ich, dass mein kleiner Jakob früh genug mit der harten Wirklichkeit konfrontiert werden würde. Also ließ ich ihn gewinnen. Meistens.

Hin und wieder siegte ich. Knapp, aber verdient. Die Folgen waren vorhersehbar: Jakob warf sich zu Boden, trommelte mit seinen kleinen Fäusten auf den Kunstrasen und brüllte: „Immer gewinnst du, immer duuu!!!"

Nach solchen Anfällen kam nicht selten Astrid in den Garten, um ihn zu trösten. Und mich zu tadeln: „Musst wirklich immer du gewinnen?" Dabei rollte sie furchtbar wild ihre Augen. Aber ich glaube, sie meinte es nicht ganz so ernst.

Tipps:

- **Gewinnen und verlieren ist für Kinder ein heikler Punkt. Wählen Sie deshalb von Zeit zu Zeit Spiele, bei denen es keinen Sieger gibt, sondern die Spieler gemeinsam ein Ziel erreichen müssen.**

- Wenn Sie wollen, dass Ihr Kind gewinnt, ohne dass Sie schlechter spielen müssen, als Sie können, spielen sie Memory. Darin sind schon ganz Kleine ihren Eltern haushoch überlegen.
- Heikle Klassiker wie „Mensch ärgere dich nicht" können zu kleinen Tragödien führen, wenn ältere Geschwister mit unverhohlener Freude den Spielstein des/der Kleinen schlagen. Erklären Sie im Vorfeld dem/den Größeren, dass auch auf sie früher Rücksicht genommen wurde und es weh tut, wenn ein Stein knapp vor dem Ziel geschlagen wird.
- Kinder wollen auch beim Spielen unbedingt ernst genommen werden und durchschauen sehr schnell, wenn es allzu offensichtlich nicht mit rechten Dingen zugeht.

Vorlesen

Es gibt allen Unkenrufen zum Trotz immer noch Kinder, die gerne lesen. Und die anderen, die kein Buch zur Hand nehmen, wie bringt man sie dazu?

Lesenlernen ist ein komplizierter Prozess, bei dem es darum geht, aus Zeichen Bedeutung entstehen zu lassen. Das ist anfangs mühsam, denn dabei ist jedes Kind mit sich allein. Diese Anstrengung wird nur bereitwillig auf sich nehmen, wer weiß, dass er am Ende belohnt wird – nicht mit „Kompetenz", sondern mit Geschichten.

Deshalb lernen die Kinder am leichtesten lesen, wenn sie schon zu Hause (lange vor der ersten Klasse) mit Büchern in Berührung

SOLL ICH EUCH DIE NACKTE.. ÄH.. DIE BIENE MAJA VORLESEN?
MACH MAL GRÖSSER!
NOCH GRÖSSER!?
W.T.

gekommen sind und erlebt haben, wie viel Freude, Spannung und Trost diese bereithalten. Solche Erfahrungen macht, glaube ich, nur derjenige, dem früh und regelmäßig vorgelesen wird.

„Bertil stand am Fenster und guckte hinaus. Neblig, kalt und unfreundlich sah es auf der Straße aus. Bertil wartete auf Mama und Papa. Er wartete so schrecklich, dass sie eigentlich schon an der Straßenlaterne hätten auftauchen müssen, nur weil er so wartete. Aber natürlich konnte keiner von beiden kommen, bevor in der Fabrik Feierabend war." So traurig und sehnsüchtig beginnt Astrid Lindgrens Geschichte von „Nils Karlsson Däumling" aus dem Jahr 1949.

Einige Male habe ich meinen Kindern dieses Buch vorgelesen – so lange, bis ihnen die Augen zufielen (oder mir).

„Mama, bitte lies uns eine Gutenachtgeschichte vor." Der Satz klingt so anheimelnd wie vertraut, und zugleich ist er das Signal für ein allabendlich stattfindende familiäres Ritual: Der Tag ist zu Ende, die Nacht beginnt. Schlaft ruhig und träumt schön. Vielleicht von Königen und Prinzessinnen, von hilfsbereiten Zwergen und sprechenden Vogelscheuchen, von Zauberern und Katzen mit Brillen.

Hunderte Stunden unseres Lebens haben mein Mann und ich damit zugebracht, unseren Kindern vorzulesen. Niemals aus pädagogischen Überlegungen, sondern einfach, weil es schön ist. Für meine Kleinste werde ich es hoffentlich noch einige Zeit tun. Denn die Stunde im Bett, in der sich Sophie wohlig an mich kuschelt, will ich noch lange genießen. Und jene wunderbaren Kinderbücher, die den Glanz verbreiten, der das Elend der Welt verschwinden lässt.

Tipps:

- Vorlesen ist nicht nur für Kinder schön, sondern auch für Eltern.
- Kinder lieben Bücher, die Hoffnung und Optimismus ausstrahlen.
- Grimms Märchen sind ein unverzichtbarer Klassiker. Auch Marc Twains „Tom Sawyer und Huckleberry Finn", Erich Kästners Kinderromane sowie „Der kleine Lord" sind zeitlos. Und natürlich Astrid Lindgrens Geschichten.
- Die Atmosphäre, in der Ihrem Kind vorgelesen wird, muss wirklich ruhig und entspannt sein.
- Kinder, denen regelmäßig vorgelesen wird, entwickeln nicht nur ein Interesse für Geschichten, sondern lernen schon früh zuzuhören – eine Fähigkeit, die in der Schule ganz wichtig ist.

Wünsche der Eltern

Welche Wünsche, welche Sehnsüchte haben wir Eltern im Zusammenleben mit unseren Kindern? Hier unser Versuch einer Auflistung:

1. „Die Schutzengel der Kinder mögen nie unaufmerksam werden oder müde." Das Glück mit Kindern ist sehr zerbrechlich. Erst wenn Jakob und Sophie mit ihrem Scooter gut vom Spielplatz heimgekommen sind, sind wir wieder entspannt. Wenn Dominik, Benedikt oder Nikolaus mit dem Flugzeug oder Auto unterwegs sind, garantiert nur ein SMS („Bin gut angekommen.") eine ruhige Nacht. Es stimmt halt: Wer Kinder hat, vergrößert die Angriffsfläche des Schicksals.

2. „Kindern ein Zuhause schaffen können, das ihnen Trost, Rückhalt und Sicherheit bietet." Irgendwo stand einmal zu lesen: Familie ist dort, wo man nicht hinausgeschmissen wird, selbst wenn man alles falsch gemacht hat. Wir möchten die Kraft haben, unsere Kinder immer so zu nehmen, wie sie sind, mit all ihren Stärken, aber auch Schwächen.

3. „Zur rechten Zeit loslassen können." Der arabische Dichter Kahlil Gibran mahnt: „Deine Kinder sind nicht dein Besitz. Sie sind Söhne der Sehnsucht des Lebens nach sich selbst." Wenn ein Kind sich auf seinen Lebensweg macht, hat es seinen ganz persönlichen Marschbefehl mit. Es muss ihn selbst entschlüsseln, Schritt für Schritt, jedes für sich allein. Eltern können Kinder jedoch stark machen, selbstbewusst und optimistisch, aber auch mitfühlend und hoffnungsfroh.

4. „Nicht das Familienleben sollte den Bedingungen des Arbeitsmarktes und den Bedürfnissen der Wirtschaft angepasst werden müssen, sondern umgekehrt." Wie bringt man Familie und Beruf in Einklang, ohne dass Eltern und Kinder leiden? Wie kann es gelingen, das Leben an der Existenz von Kindern auszurichten, ohne vom Arbeitgeber dafür bestraft zu werden?

5. „Aufgeräumte Kinderzimmer!" Wenigstens zu besonderen Anlässen (Weihnachten, Muttertag) soll das Öffnen der Türe erfolgen können, ohne dass die Mutter psychischen Schaden nimmt.

6. „Spontanes Ausleeren des Bio-Müllkübels (Altpapiers, PVC-Eimers)." Keine langen, kräftezehrenden Debatten, wer an der Reihe ist. Wer als Erster feststellt, dass das Behältnis einen mächtigen Gupf hat, tut das Naheliegende: Er kippt den Abfall in die entsprechende Tonne, klappt fröhlich den Deckel zu.

7. „Das Kind schafft die entscheidende Schularbeit/die Matura/den Studienaufnahmstest."

8. „Einen winzigen Ort im Haus, der nur den Eltern vorbehalten ist und frei von CDs, DVDs, Bananenschalen, Patschen, Zuckerlpapierln und angebissenen Äpfeln."

9. „Viele Enkelkinder!" Wenn jedes unserer Kinder selbst einmal neun Kinder hätte, wären das in Summe 81. Für Familienfeiern müssten wir eine Turnhalle mieten – aber sonst spricht eigentlich nichts dagegen. Oder?

Tipps:

- Die angeführten neun Punkte erheben selbstverständlich keinen Anspruch auf Allgemeingültigkeit, sondern sind veränder- und erweiterbar. Trotzdem denken wir, dass alle Eltern derselbe große Wunsch eint, dass ihr Kind ein Leben lang glücklich sein möge.

Wünsche der Kinder

Was macht das kleine Glück der Kinder aus? Wir haben dazu unsere beiden Jüngsten befragt:

1. „Mama und Papa sollen immer zusammen bleiben." Kinder leiden, wenn eine Partnerschaft misslingt. Für die meisten bedeutet die Trennung ihrer Eltern eine traumatische Erfahrung. „Seit ihr Papa weg ist, ist die Theresa nur mehr traurig. Mir tut sie so leid." Kinder sind immer Verlierer, wenn ein Elternteil geht.

2. „Die großen Geschwister sollen möglichst lange zu Hause bleiben und nicht ausziehen." Im Umgang mit fünf älteren Brüdern und zwei Schwestern lernen die Jüngeren lebensnotwendige Dinge (nicht nur streiten).

3. „Unsere Großeltern sollen weiterhin Zeit für uns haben." Zu den Höhepunkten einer anstrengenden Schulwoche zählte lange das traditionelle Mittagessen bei Omama und Opapa, mit ausgewählten Menüwünschen, dreierlei Suppen und zu Hause in diesen Mengen verbotenen Süßigkeiten.

4. „Papa, wir hätten so gern einen Hund!“ Die meisten Kinder wünschen sich ein Haustier. Ein lebendiges und keinen Sims-Hund auf dem Bildschirm.

5. „Die Schule soll so bleiben, wie sie ist. Bitte keine Ganztagsschule!“ Weitgehend unreflektiert ist von den Medien ein Mehr an Schule positiv besetzt worden: früher als mit sechs Jahren, länger am Tag und bis in immer höheres Alter. Im Hinblick auf gegenwärtig vorherrschende Lebensweisen ist die Ganztagsschule offenbar eine Notwendigkeit. Aber es müsste verhindert werden, dass diese zur Pflicht auch für jene Kinder wird, für die sie nicht das kleinere, sondern das größere Übel bedeutet. „Ich möchte am Nachmittag in den Hip-Hop-Kurs gehen können oder meine Tante und meinen Onkel besuchen oder mit meinen Geschwistern spielen. Oder auch nur unter dem Kirschbaum liegen und nix tun.“

6. „Erwachsene sollen mehr Verständnis für Kinder haben.“ So wünscht sich mein kleinster Kicker, dass unser Nachbar den Fußball, der nach einem spektakulären Volley versehentlich in seinem Garten gelandet ist, wieder über den Zaun zurückwirft und ihm deshalb nicht böse ist.

7. „Freunde, mit denen man spielen und über alles reden kann.“ Wer in der Klasse gute Freunde findet, erträgt einen anstrengenden Schultag um vieles leichter.

8. „Mama und Papa sollen weniger arbeiten müssen und mehr Zeit zum Spielen haben.“ Mag der Arbeitstag auch noch so anstrengend gewesen sein, sollte trotzdem wenigstens eine Stunde tägliche Zeit für das Kind reserviert sein.

9. „Einen Garten mit vielen Bäumen, auf die man klettern und hinter denen man sich verstecken kann.“ Auch wenn es Ihre Wohnsituation nicht zulässt, sollten Sie dafür sorgen, dass Ihr regelmäßig an die frische Luft kommt. Ein Spaziergang kann voller Abenteuer sein. Selbst das Treiben auf einer Baustelle fasziniert kleine Menschen.

10. „Wenigstens ein Essen am Tag, an dem alle um den Tisch sitzen und miteinander reden.“ Für Kinder ist der Alltag in der Familie die Welt, in der sie zu Hause sind.

Tipps:

- **Die Sehnsucht heutiger Kinder richtet sich, glauben wir, nicht auf große materielle Dinge, sondern auf das kleine Glück im täglichen Leben.**

X-beliebig

Wenn ich, was bei der Mutter einer großen Familie selten ist, zum Beispiel beim frühmorgendlichen Bügeln in meinem Wäschekeller ganz allein bin und meine Gedanken ungestört schweifen lassen kann, denke ich manchmal daran, welch unvorstellbare Zufälligkeiten unser Leben bestimmen.

Wäre ich damals von meiner ersten Arbeitsstelle „am Land“ an eine andere Schule in meiner Heimatstadt versetzt worden, hätte ich wohl kaum meinen Mann kennen gelernt … Hätten wir uns freilich schon auf der Universität getroffen, wäre vielleicht unsere Familiengründung viel früher passiert und wir könnten jetzt schon kleinen Enkelkindern aus unseren alten Märchenbüchern vorlesen …

Die Tragweite der Zufälle des Lebens sind besonders faszinierend, wenn man bedenkt, wie scheinbar willkürlich eines der Millionen unendlich kleiner väterlicher Spermien in genau einem bestimmten Zyklus auf die mütterliche Eizelle trifft, die ihrerseits nicht größer ist als der Punkt am Ende dieses Satzes. Und dass bei diesen unendlich vielen Möglichkeiten genau dieses eine Kind entsteht, das – nach einer gebührenden Vorbereitungszeit auf die großen Veränderungen, die seine Geburt mit sich bringt –, seinen Eltern in die Wiege gelegt wird. Für diese ist es nun kein x-beliebiges kleines Menschlein mehr, das da gefüttert und gewickelt und in den Schlaf gewiegt werden muss, es ist ihr Fleisch und Blut, für das sie nun ihr Leben lang verantwortlich sein werden

Bei anderen Geschenken kann sich der Käufer ein Umtauschrecht ausbedingen. Nach den Weihnachtsfeiertagen sind die Warenhäuser nahezu so voll wie vor dem Fest mit Menschen, denen die Größe, die Farbe, der Schnitt einer lieben Gabe nicht passt. Für das größte Geschenk aber, das wir Menschen bekommen, gibt es kein Umtauschrecht; ob es männlich oder weiblich, gesund oder krank, handwerklich begabt, sportlich geschickt oder technisch interessiert ist: Wir haben von allen Kindern, die wir zeugen hätten können, genau dieses bekommen. Und es wird nicht zuletzt an uns liegen, dass es seine Eigenarten annehmen, sein Aussehen mögen, seine Talente verwirklichen kann.

Das Kind wird immer ein Teil unseres Lebens bleiben, auch wenn es selbst schon unter den x-beliebig vielen Möglichkeiten seinen Lebenspartner gefunden und mit ihm eine neue Generation begründet hat.

Tipps:

- **Nehmen Sie sich jeden Tag vor, Ihr Kind so anzunehmen, wie es ist.**
- **Auch wenn das manchmal etwas schwerer ist als sonst, vor allem in sensiblen Entwicklungsphasen wie dem Trotzalter und der Pubertät.**
- **Bedenken Sie: Nicht nur Sie müssen Ihr Kind mit allen Marotten und Mätzchen aushalten, sondern auch Ihr Kind Sie …**
- **Elternliebe ist eine Burg aus Stahl – die kann nicht einmal das eigene Kind kaputt machen.**

Ysop

Seit einiger Zeit wohnt unser Ältester in einer Garconniere, zusammen mit seiner spanischen Verlobten. Sie kommen, glaube ich, gut zurecht. Ihre Grundnahrungsmittel sind wenig fantasievoll, aber solide: Pizza Margarita oder Pizza Hawaii aus der Tiefkühltruhe.

Um den Speisezettel der jungen Leute etwas variantenreicher zu gestalten, schrieb ich für unseren Sohn zu Weihnachten ein Kochbuch. Das kleine Bändchen enthält Tipps für den Einkauf der Zutaten („unbedingt speckige Erdäpfel"), Geheimnisse zur Perfektionierung der Speisen („wenn der Altwiener Suppentopf nach sechs Stunden Kochzeit immer noch nicht perfekt schmeckt, brösel ruhig einen Suppenwürfel hinein – sag´s aber keinem!") sowie Hinweise zu deren Haltbarkeit („ja nicht einfrieren, besser an Freunde abgeben!").

Dominik zeigte sich gerührt, seine Lieblingsgerichte vollständig vorzufinden. Es waren freilich nicht sehr viele, da unser Sohn ziemlich wählerisch ist. Von einer Inbetriebnahme des Weihnachtsgeschenkes hörte ich einige Zeit nichts. Bis einmal kurz vor Mitternacht – unser Ältester ist ein ausgesprochener Abendmensch – das Telefon läutete.

„Du, Mama, was versteht man eigentlich genau genommen unter Eiklar?"

Ich bin schon längst zu keiner Tages- oder Nachtzeit mehr durch irgendeine Anfrage seitens unserer Kinder zu verblüffen.

„Das Weiße eines rohen Eies. Was machst du denn gerade?"

„Nira und ich veranstalten morgen eine kleine Einladung. Eine japanische Austauschstudentin kocht die Hauptspeise, und ich bin für das Dessert eingeteilt. Ich mache eine Mousse au chocolat. Kannst du mir kurz helfen?

Ich wollte schon den Autoschlüssel nehmen, aber meine Aufgabe war rein beratender Natur.

„Sag mir bitte nur schnell: Wie trenne ich ein Ei?"

„Am Schüsselrand vorsichtig aufschlagen, mit den Eischalen den Dotter, das Gelbe also, vom Klar trennen."

„Nira, wir müssen das Gelbe und das Weiße trennen. Danke, Mama, ich melde mich vielleicht wieder."

Wenige Minuten später: „Wie lang und womit muss man das Weiße schlagen?" „Mit dem Handmixer, bis es gut steif ist. Du musst mit einem Messer einen Schnitt machen. Wenn er sichtbar bleibt, ist der Schnee fest genug."

„Nira, haben wir einen Handmixer? Bleib noch dran, Mama. Wie lang muss dann der Schnee auskühlen?"

„Den Schnee nicht auskühlen, sondern die geschmolzene Schokolade. Stell sie am besten auf euren Balkon, aber pass auf, dass sie nicht wieder fest wird."

„Hörst du, Nira, die Schokolade muss flüssig bleiben."

Die Einladung soll ein voller Erfolg gewesen sein, die Mousse allen sehr geschmeckt haben. Vor allem Dominik. Er hatte das japanische Fischgericht ausgelassen (er mag keinen Fisch) und auch den Salat, der mit exklusiven Kräutern wie Kerbel, Zitronengras und Ysop gewürzt war. Vor allem der Ysop, eine Gewürzpflanze aus der Familie der Lippenblütler, die seit dem 16. Jahrhundert kultiviert wird, mundete ihm ganz und gar nicht. Hungrig ging er trotzdem nicht ins Bett: Das Dessert soll er nach übereinstimmender Auskunft der Gäste nahezu im Alleingang verspeist haben.

Tipps:

- Die meisten Kinder sind von Natur aus konservativ und essen am liebsten das, was sie kennen, und auch davon immer das Gleiche: montags Pizza, dienstags Spaghetti, mittwochs Schnitzel, donnerstags Pizza, freitags Spaghetti, samstags Schnitzel.
- Trainieren Sie trotzdem die Geschmacksknospen Ihres Kindes: es soll von allem, was auf den Tisch kommt, wenigstens kosten. Mit der Zeit erweitert sich das Spektrum der angenommenen Nahrungsmittel.
- Kinder, die beim Kochen mithelfen dürfen (was bei kleinen Kindern die aufgewendete Arbeitszeit durchaus verlängern kann), essen mit größerem Appetit und erkennen, das selbst zubereitetes Essen mit Liebe gemacht ist.

Zeit

Es ist schon einige Zeit her, da erzählte ich in einer Volksschulklasse von meiner Familie. Ein kleiner Bub fragte mich am Ende: „Nehmen Sie sich eigentlich für alle Ihre Kinder gleich viel Zeit?"

Nein, sagte ich, und versuchte mich so zu rechtfertigen: „Ich glaube, dass wir Eltern unsere Zeit nicht aufteilen können wie eine Schachtel Zuckerln. Du kriegst drei, du kriegst drei, und du auch. Manchmal braucht ein Kind die Mama oder den Papa mehr als seine Geschwister, ein anderes dafür weniger …" Da unterbrach mich ein Mädchen: „Wenn man ein Einzelkind ist, ist das gut. Weil dann muss man auf niemanden eifersüchtig sein."

Während ich ihm Recht gebe, denke ich mir: Bin ich immer hellhörig für die wichtigste Frage, die Kinder ganz selten aussprechen, aber deren Antwort sie täglich von uns einfordern: Mama, Papa, bin ich euch eigentlich wichtig?

Erinnerungen und gemeinsam verbrachte Zeit sind das wertvollste Kapital, das Familien besitzen.

Vor knapp zehn Jahren führte ich die lange angekündigte Razzia im Zimmer meines Zweitältesten durch. Dabei förderte ich unter seinem Bett vieles zutage. Unter anderem das lange, aber nicht gerade schmerzlich vermisste Lateinbuch, vier einzelne Socken, eine zweite Mahnung wegen seiner nicht bezahlten Handyrechnung und einen RSa-Brief des Militärkommandos Steiermark – die Einberufung zur Stellung.

Die Stunden solchen Großreinemachens sind immer von einer gewissen Spannung zwischen Mutter und Sohn gekennzeichnet.

Erschwerend kam diesmal hinzu, dass Benedikt, offenbar auf der Suche nach der für die Stellung beizubringenden Dokumente, seine so genannte Erinnerungskiste durchwühlt hatte. Diese besteht aus zwei bunt gemusterten Kartons. Der eine ist mit B. 1984–94 beschriftet, der andere mit B. 1995–2002.

Der Inhalt der ersten Schachtel, liebevoll von seiner Mutter gesammelte Reliquien von seiner Geburt bis zum Ende seiner Volksschulzeit, lag achtlos auf dem Boden.

Während ich sie Stück um Stück in die Kiste zurücklegte, fügten sich für mich die Bruchstücke der Erinnerung wie bei einem Puzzle zu einem Bild zusammen: das Programmheft der ersten von ihm besuchten Oper (Zauberflöte), die Teilnahmebestätigung am Pinguin-Schwimmcup, Urkunden für verschiedene Platzierungen bei Schi-, Tennis- und Snowboardkursen sowie zahllose Einladungen zu Kindergeburtstagen, Sommerpartys und Faschingsfesten, dazwischen Muttertagsgedichte der Jahre 1990, 1991, 1992 und 1993.

Ein von ihm akribisch ausgearbeiteter Schwindelzettel für den zweiten Sachkundetest der 2. Klasse der Volksschule ließ bereits seine spätere Meisterschaft in dieser Spezialdisziplin erahnen.

Unter Bergen von selbst geschriebenen sowie erhaltenen Ansichtskarten und Briefen und sorgfältig von mir datierten Kinderzeichnungen fand sich auch eine fachärztliche Verordnung von Stützkrücken wegen Bruchs des rechten Oberschenkels.

Als ich die Ehrenplakette für den Torschützenkönig der U9 1992/93 studierte, stand plötzlich wieder eine Szene ganz deutlich vor mir: Wie mein Mann beim entscheidenden Meisterschaftsspiel, ein Kind im Arm, ein zweites im Kinderwagen vor sich her schiebend, die Seitenlinie entlang lief, um nur ja immer auf Ballhöhe zu sein.

Der letzte Zettel, den ich in die Erinnerungskiste zurücklegte, war eine Liste von Vornamen, die Gottfried und ich vor seiner Geburt erstellt hatten: Vinzenz, Wenzel, Thaddäus, Rochus und Anselm. Dann war meine kleine Zeitreise zu Ende.

P.S. Die gesuchten Dokumente entnahm ich wortlos meiner systematisch geordneten Mappe in meinem Schreibtisch.

Tipps:

- **Genießen Sie bewusst jede Stunde, die Sie mit Ihren Kindern verbringen können.**
- **Bedenken Sie: Eine kleine Hand wird ganz schnell groß und schmiegt sich viel zu schnell nicht mehr in Ihre.**
- **Sammeln Sie Erinnerungsstücke. Diese sind Puzzleteile für Kindheitsreminiszenzen, für die Ihr Kind Ihnen später dankbar sein wird.**
- **Ein chinesisches Sprichwort sagt: Die Arbeit läuft dir nicht davon, wenn du deinem Kind einen Regenbogen zeigen willst. Aber der Regenbogen wartet nicht, bis du mit der Arbeit fertig bist.**

Zeugnistag

Es ist mehr als 50 Jahre her, als ich mit hängendem Kopf vor dem Schreibtisch meines Vaters stand, der mit schnellem Blick meine missliche Lage erfasste: Aus dem erhofften Vierer in Mathematik war doch nichts geworden. Ein „Frühwarnsystem" gab es zu meiner Zeit nicht, die Zeugnisverteilung entbehrte nicht einer gewissen Spannung.

Mein Vater also sagte: „Natürlich habe ich keine Freude mit deinem Zeugnis. Aber es steht mir nicht zu, mit dir zu schimpfen. Denn wenn ich daran denke, welche Noten ich heimgebracht habe …"

Nun bin ich selber Vater von neun Kindern (mit unterschiedlichen Begabungen) und Lehrer noch dazu: Ich weiß, wie Noten zustande kommen. Wie schwierig es oft ist, gerecht zu sein. Wie viele Eltern immer noch Noten überbewerten und ihre Kinder allzu deutlich spüren lassen, wie wichtig ihnen gute Zeugnisse sind.

In seinem Lied „Zeugnistag" erzählt Reinhard Mey, wie wichtig Eltern für ihr Kind sind in einer bitteren Stunde:

„Ich denke, ich muss so zwölf Jahre alt gewesen sein
Und wieder einmal war es Zeugnistag.
Nur diesmal, dacht´ ich, bricht das Schulhaus samt
Dachgestühl ein,
Als meines weiß und hässlich vor mir lag.
Dabei war´ n meine Hoffnungen keineswegs hoch geschraubt –
Ich war ein fauler Hund und obendrein
Höchst eigenwillig, doch trotzdem hätte ich nie geglaubt,

So ein totaler Versager zu sein.
So, jetzt ist es passiert, dacht´ ich mir, jetzt ist alles aus.
Nicht einmal eine Vier in Religion!
Oh Mann, mit diesem Zeugnis kommst du besser nicht nach Haus,
Sondern allenfalls zur Fremdenlegion.
Ich zeigt´ es meinen Eltern nicht und unterschrieb für sie
Schön bunt, sah nicht schlecht aus, ohne zu prahl´ n!
Ich war vielleicht ´ne Niete in Deutsch und Biologie,
Dafür konnt´ ich schon immer ganz gut mal´ n!
Der Zauber kam natürlich schon am nächsten Morgen raus,
Die Fälschung war wohl doch nicht so geschickt.
Der Rektor kam, holte mich schnaubend aus der Klasse raus.
So stand ich da, allein, stumm und geknickt.
Dann ließ er meine Eltern kommen, lehnte sich zurück.
Voll Selbstgerechtigkeit genoss er schon
Die Maulschellen für den Betrüger, das missrat´ ne Stück,
Diesen Urkundenfälscher, ihren Sohn.
Mein Vater nahm das Zeugnis in die Hand und sah mich an
Und sagte ruhig: „Was mich anbetrifft,
So gibt es nicht die kleinste Spur eines Zweifels daran,
Das ist tatsächlich meine Unterschrift!"
Auch meine Mutter sagte, ja, das sei ihr Namenszug.
Gekritzelt zwar, doch müsse man versteh´ n,
Dass sie vorher zwei große, schwere Einkaufstaschen trug.
Dann sagte sie: ‚Komm, Junge, lass uns geh´ n!' (…)
Ich weiß nicht, ob es rechtens war, dass meine Eltern mich
Da rausholten, und wo bleibt die Moral?
Die Schlauen diskutier'n, die Besserwisser streiten sich.
Ich weiß es nicht, es ist mir auch egal.

Ich weiß nur eins: Ich wünsche allen Kindern auf der Welt –
Und nicht zuletzt natürlich dir, mein Kind –,
Wenn´ s brenzlig wird, wenn´ s schief geht, wenn die Welt
zusammenfällt,
Eltern, die aus diesem Holze sind."

Tipps:

- Machen Sie die Liebe zu Ihrem Kind nicht von seinen Schulleistungen abhängig.
- Wenn Sie nicht gut in der Schule waren: Denken Sie an Ihre eigenen Zeugnisse!
- Wenn Sie gut in der Schule waren: Denken Sie daran, dass Noten für das weitere Leben oft wenig aussagen.
- Wenn der schlimmste Fall eintritt und Ihr Kind die Klasse wiederholen muss: So manchem hat ein Neustart in einer anderen Klasse gut getan und frische Kräfte mobilisiert.

Inhalt

NO!
W.T.